噺家・400年の歴史・落語のことば・名作のあらすじ

落語

写真：横井洋司　文：山本 進ほか

山川出版社

落語【目次】

噺家・四〇〇年の歴史・落語のことば・名作のあらすじ

第1章

昭和の名人……5

「昭和の三大名人」「東京落語四天王」「上方落語四天王」「大看板」。落語を築き、築きつつある噺家たち。総勢三九人が高座で放つ、森羅万象の光芒。

第2章

落語家の素顔……67

昭和から平成へ。四〇年以上、高座と客席をつなぐ写真を撮り続けた演芸カメラマン・横井洋司。あの日あの時の一枚の写真が貴重な演芸史の記録になった。

第3章

落語の歴史……113

落語には約四〇〇年もの歴史がある。落語をより面白く聴くために、激動し続けた落語史を俯瞰し、主だったトピックを山本進が解説。

第4章
落語基礎用語辞典……141
落語四〇〇年の歴史のなかで培われてきた噺、モノ、コト。
知っていると、もっと落語が面白くなること請け合いの
基礎用語をピックアップ。

第5章
名作落語あらすじ選……153
落語の演目は一〇〇〇を超えるともいわれている。
滑稽噺や人情噺、芝居噺に怪談噺。
いま高座で聴くことのできる古典落語を厳選。

第6章
落語年表……203
落語の発祥から現在までの歴史を辿る。
日本の世相とあわせて、
落語界、落語家にまつわる変遷を年表で読む。

編集協力・森木博人
デザイン・㈱コミュニケーションカンパニー
協　力・佐藤友美

第1章

昭和の名人

「昭和の三大名人」「東京落語四天王」「上方落語四天王」「大看板」。

落語を築き、築きつつある噺家たち。

総勢39人が高座で放つ、森羅万象の光芒。

写真：横井洋司

昭和の三大名人

第二次世界大戦の荒廃を乗り越えて、日本が復興への道を歩み出したとき、五代目古今亭志ん生、六代目三遊亭圓生、八代目桂文楽の三名人が壊滅状態だった落語界を精力的に立て直し、黄金期を築いた。（順不同）

五代目

古今亭志ん生《ここんてい・しんしょう》

明治23年（1890）～昭和48年（1973）。落語界を代表する名人と称される。長男は十代目金原亭馬生、二男は三代目古今亭志ん朝。昭和22年（1947）、慰問先の満州から命からがら帰国してから俄然頭角を現し、昭和31年（1956）に『お直し』で芸術祭賞を受賞。その翌年、落語協会の四代目会長に就任する。持ちネタは多く、音源も多数残されている。昭和39年（1964）、紫綬褒章。昭和42年（1967）、勲四等瑞宝章を受章する。

六代目 三遊亭圓生

さんゆうてい・えんしょう

明治33年（1900）～昭和54年（1979）。子ども義太夫の芸人として寄席に出演していたが、怪我をきっかけに落語家に転身。古今亭志ん生とともに満州に慰問に出向き、彼の数カ月後に帰国。昭和35年（1960）、『首提灯』で芸術祭賞を受賞した。昭和53年（1978）、落語協会分裂騒動で落語協会を脱退し落語三遊協会を設立する。志ん生と同じく持ちネタは多く、100以上もの演目を録音した『圓生百席』が残されている。昭和48年（1973）、勲四等瑞宝章を受章する。

八代目 桂文楽
かつら・ぶんらく

明治25年（1892）～昭和46年（1971）。住んでいた町名から「黒門町の師匠」と呼ばれた。志ん生や圓生と異なり持ちネタは少なかったが、練りに練った口演で名人と称された。昭和29年（1954）、落語家として初めて芸術祭賞を受賞。演目は『素人鰻』。最後の高座は昭和46年（1971）8月31日、東京・国立劇場小劇場での落語研究会で『大仏餅』を口演中に絶句。「勉強し直してまいります」と高座を降り、4カ月経たずに他界。

東京落語四天王

落語界は昭和三〇年代の黄金期を経て、四〇年代に文楽、志ん生、五〇年代には圓生が鬼籍に入る。

偉大な先達を、昭和初年以降に生まれた四人の若者が追走した。（順不同）

三代目
古今亭志ん朝
ここんてい・しんちょう

昭和13年（1938）～平成13年（2001）。五代目古今亭志ん生の二男。入門5年目という異例の早さで真打に昇進した。江戸落語の名人と称される。落語ばかりでなく、テレビ番組の司会や俳優としても活動し、CMにも出演した。平成13年（2001）春、芸術選奨文部科学大臣賞を受賞。その年の10月、肝臓がんで死去した。告別式には関係者やファンが2500人以上参列した。

七代目（五代目とも）立川談志

たてかわ・だんし

昭和11年（1936）～平成23年（2011）。昭和41年（1966）にスタートした長寿演芸番組『笑点』を企画立案し、昭和46年（1971）から1期、参議院議員も務める。真打になってすぐの昭和40年（1965）に著した『現代落語論』（三一書房）で、現代と大衆と古典をつながなければ落語は衰退すると論じ、高座で実践した。『あなたも落語家になれる 現代落語論其ノ2』では「落語とは人間の業の肯定である」という有名な言葉を記した。昭和58年（1983）に落語協会脱退、落語立川流を設立、家元を名乗り落語界初の上納金制度を敷いた。

五代目 三遊亭圓楽
さんゆうてい・えんらく

昭和7年（1932）〜平成21年（2009）。日テレ系演芸番組『笑点』の司会を20年以上務めた。落語協会分裂騒動では、師匠の六代目三遊亭圓生の総領弟子として共に落語協会を離れ、落語三遊協会を創設。圓生死去後、昭和60年（1985）に自費を投じ、一門の口演の場として東京・東陽町に寄席若竹をオープンさせた（4年後に閉鎖）。脳梗塞に襲われるも平成19年（2007）2月、国立演芸場の「国立名人会」で復帰。『芝浜』を口演したが、納得いかない出来に“現役引退会見”を開いた。

五代目
春風亭柳朝
しゅんぷうてい・りゅうちょう

昭和4年（1929）～平成3年（1991）。旧東京市芝区新橋出身のチャキチャキの江戸っ子。歯切れがよく威勢のいい高座で人気を博した。1980年、2番弟子の春風亭小朝が36人抜きで真打に昇進したことで注目を浴びるも2年後に脳梗塞で倒れ、高座に復帰することなく死去した。道楽三昧で破天荒な生涯は吉川潮の『江戸前の男―春風亭柳朝一代記』に詳しい。

上方落語四天王

戦後、上方落語は大看板を次々と失う。
「壊滅状態」ともいわれた上方落語を復興させたのは、
三代目米朝、五代目文枝、六代目松鶴、三代目春團治らだった。（順不同）

三代目
桂米朝
かつら・べいちょう

大正14年（1925）～平成27年（2015）。学究肌で知られ、第二次世界大戦後、壊滅状態にあった上方落語の復興を牽引した。上方落語中興の祖。平成8年（1996）に人間国宝に認定。平成21年（2009）、演芸人として初めて文化勲章を受章する。米朝一門には月亭可朝、桂枝雀、桂ざこば、桂吉朝、長男の五代目桂米團治ら逸材が揃う。平成27年（2015）3月に肺炎のため死去。

五代目 桂文枝

かつら・ぶんし

昭和5年（1930）～平成17年（2005）。大阪市交通局に勤務しながら、日本舞踊の名取でもあった四代目桂文枝に踊りを習い、後に落語家へ転身。『たちきれ線香』や『猿後家』『悋気の独楽』など、女性の描写は秀逸。昭和46年（1971）、立川談志と「西の小文枝・東の談志」を開催し、東京での知名度が上がるきっかけになる。同年、『軽業講釈』で芸術祭賞優秀賞を受賞。平成9年（1997）、紫綬褒章を受章した。

六代目

笑福亭松鶴

しょうふくてい・しょかく

大正7年（1918）～昭和61年（1986）。父は五代目の笑福亭松鶴。三代目桂米朝らとともに上方落語の復興に奔走する。昭和43年（1968）から昭和52年（1977）まで上方落語協会の第二代会長（初代は三代目林家染丸）を務めた。昭和47年（1972年）に島之内教会内で「島之内寄席」を開催し、後に地域寄席が隆盛する引き金となる。「島之内寄席」は場所を替え、現在も続いている。昭和46年（1971）、芸術祭大衆芸能部門優秀賞を受賞。昭和56年（1981）、上方落語家として初めて紫綬褒章を受章。

三代目 桂春團治

かつら・はるだんじ

昭和5年(1930)〜平成28年(2016)。父は二代目桂春團治。「三代目」といえば、専ら春團治のことを指す。父の巡業に同行したとき、いきなりの代役で上がった高座で爆笑を取ったことが忘れられず、落語家へ。上方落語協会第三代会長を務め、後に相談役。昭和50年（1975)、芸術祭優秀賞を受賞。平成10年（1998)、紫綬褒章、平成16年（2004）に旭日小綬章を受章した。平成28年（2016）1月26日、天満天神繁昌亭で上方落語協会葬が行われた。

【大看板】

連綿と受け継がれる名跡。
突然、ポンと飛び出る異才。
喜怒哀楽の襞模様を口演で描く名人上手たち。
（順不同）

八代目
林家正蔵（彦六）
はやしや・しょうぞう

明治28年（1895）〜昭和57年（1982）。東京・稲荷町の長屋に住まう。『火事息子』『中村仲蔵』『文七元結』『怪談牡丹灯籠』『真景累ヶ淵』といった長編噺のほか、『菊模様皿山奇談』や『雪の戸田川』などの道具を使った怪談噺や芝居噺も演じた。昭和43年（1968）に文化庁芸術祭賞、紫綬褒章を受ける。また勲四等瑞宝章や芸術選奨文部大臣賞も受けた。死後、遺体は献体された。

五代目
柳家小さん《やなぎや・こさん》

大正4年（1915）～平成14年（2002）。平成7年（1995）、落語家として初の人間国宝に認定された。昭和47年（1972）からほぼ四半世紀の間、落語協会七代目会長を務めた後、落語協会最高顧問に就任。戦後落語界での主流であり続けた。剣士としても知られ、範士七段まで昇段している。自宅の剣道場で弟子に稽古をつけた。

三代目
三遊亭金馬
さんゆうてい・きんば

明治27年（1894）～昭和39年（1964）。東京は下町、本所生まれ。講釈師を目指すも、その風貌や声が客の笑いを誘い、間もなく落語家に転身。6年あまりで真打に昇進した。レコード会社の専属になり、『居酒屋』などのヒットを飛ばした。数多くの音源が残されている。東宝名人会の発足と同時に出演契約を結んだことで東京落語協会を除名に。その後、フリーランスとして活動した。大好きな釣りの帰りに列車事故に遭い、左足を切断した。写真・共同通信社。

十代目 柳家小三治
やなぎや・こさんじ

昭和14年（1939）生まれ。平成26年（2014）、人間国宝に認定される。平成22年（2010）から平成26年（2014）まで落語協会会長を務めた。現在は落語協会顧問。本編の内容を吟味した導入部分「まくら」が秀逸で「まくらの小三治」の異名を持つ。趣味人で知られ、バイクやオーディオ、クラシック音楽、スキーなど凝ったジャンルは数多い。芸術選奨新人賞と芸術選奨文部科学大臣賞を受賞。平成17年（2005）に紫綬褒章、平成26年（2014）に旭日小綬章を受章。

桂歌丸

かつら・うたまる

昭和11年（1936）、横浜・真金町生まれ。日本テレビ系の長寿演芸番組『笑点』の初期メンバー。キザなキャラクターを演じる三遊亭小圓遊との罵倒合戦が人気を呼んだ。平成16年（2004）、落語芸術協会の五代目会長に就く。平成18年（2006）には五代目三遊亭圓楽の降板に伴い、『笑点』の五代目司会者に。平成28年（2016）まで出演した。平成17年（2005）に芸術選奨文部科学大臣賞を受賞、平成19年（2007）には旭日小綬章を受章。三遊亭圓朝作品に長年取り組んでいる。平成28年（2016）、『笑点』の司会を降板。

六代
桂文枝
かつら・ぶんし

昭和18年（1943）生まれ。昭和41年（1966）、三代目桂小文枝（五代目桂文枝）に入門し、桂三枝となる。平成24年（2012）、六代桂文枝を襲名。落語家として70歳を過ぎた今も絶大な人気を保つ。落語は柔軟な発想力で紡ぎ出す「創作落語」で高い評価を得ている。平成18年（2006）には紫綬褒章、平成27年（2015）には旭日小綬章を受章。朝日放送制作の『新婚さんいらっしゃい！』は、昭和46年（1971）から続く長寿番組で、平成27年（2015）に同一司会者によるテレビトーク番組の最長放送としてギネス世界記録に認定された。

二代目
桂枝雀
かつら・しじゃく

昭和14年（1939）～平成11年（1999）4月19日。上方落語四天王のひとり三代目桂米朝に弟子入り。古典落語を土台にしながらも、比類のない豪放な所作とメリハリの効いた語り口で客を爆笑させた。絶大な人気を得たが、平成11年（1999）に自殺を図る。持ちネタをほぼ60に制限し、それぞれを磨き上げることに腐心した。代表作に『代書屋』『宿替え（『粗忽の釘』）』などがある。英語落語も始め、アメリカやカナダで公演を行っている。

八代目 橘家圓蔵

たちばなや・えんぞう

昭和9年（1934）～平成27年（2015）。前名の月の家圓鏡で高座ばかりでなくラジオやテレビで全国区の絶大な人気を得た。CMキャラクターとしてのテレビ出演も多かったが、本業の落語も病に倒れた五代目春風亭柳朝に代わって「東京落語四天王」の一角として名を挙げられるほどの実力があった。昭和53年（1978）に文化庁芸術祭優秀賞受賞。昭和57年（1982）に八代目橘家圓蔵を襲名。平成18年（2006）落語協会相談役に就任。

初代 林家三平

はやしや・さんぺい

大正14年(1925)〜昭和55年(1980)。七代目林家正蔵の長男。「こうやったら笑ってください(と拳を額につける)」といったギャグ、「この話のどこが面白いかというと」とダジャレをあえて解説したり、「いまいらっしゃるんじゃないかと噂していたとこです」といった客いじりで人気を得た。テレビの創成期にお茶の間を席巻し、「昭和の爆笑王」と称された。長男は九代目林家正蔵を襲名し、二男は二代目林家三平を襲名した。近年、九代目正蔵の息子も入門し、噺家が四代続く。

NHK

十代目 金原亭馬生
きんげんてい・ばしょう

昭和3年（1928）〜昭和57年（1982年）。父は五代目古今亭志ん生、弟は三代目古今亭志ん朝。昭和44年（1969）に『鰍沢』で芸術選奨新人賞、昭和48年（1973年）に『明烏』で文化庁芸術祭優秀賞を受賞。父譲りの酒仙で酒のからむ噺をはじめ人情噺など、江戸落語を端正で滋味深い独自の語り口で継承した。書画に秀で、実生活も和服で通す粋な噺家だった。54歳の若さで死去。長女は女優の池波志乃。

五代目
春風亭柳昇
しゅんぷうてい・りゅうしょう

大正9年（1920）～平成15年（2003年）。『カラオケ病院』『結婚式風景』『課長の犬』『里帰り』『南極探検』などの新作落語で人気を得た。第二次世界大戦後に戦友の父である六代目春風亭柳橋（日本芸術協会会長）に入門。戦争で右手の指を失っていたため、手を使った所作で情景を描写することのある古典落語ではなく、新作落語の道を歩んだといわれている。60歳を過ぎた頃、女子大生を中心にしたファンクラブ的な「柳昇ギャルズ」が結成された。

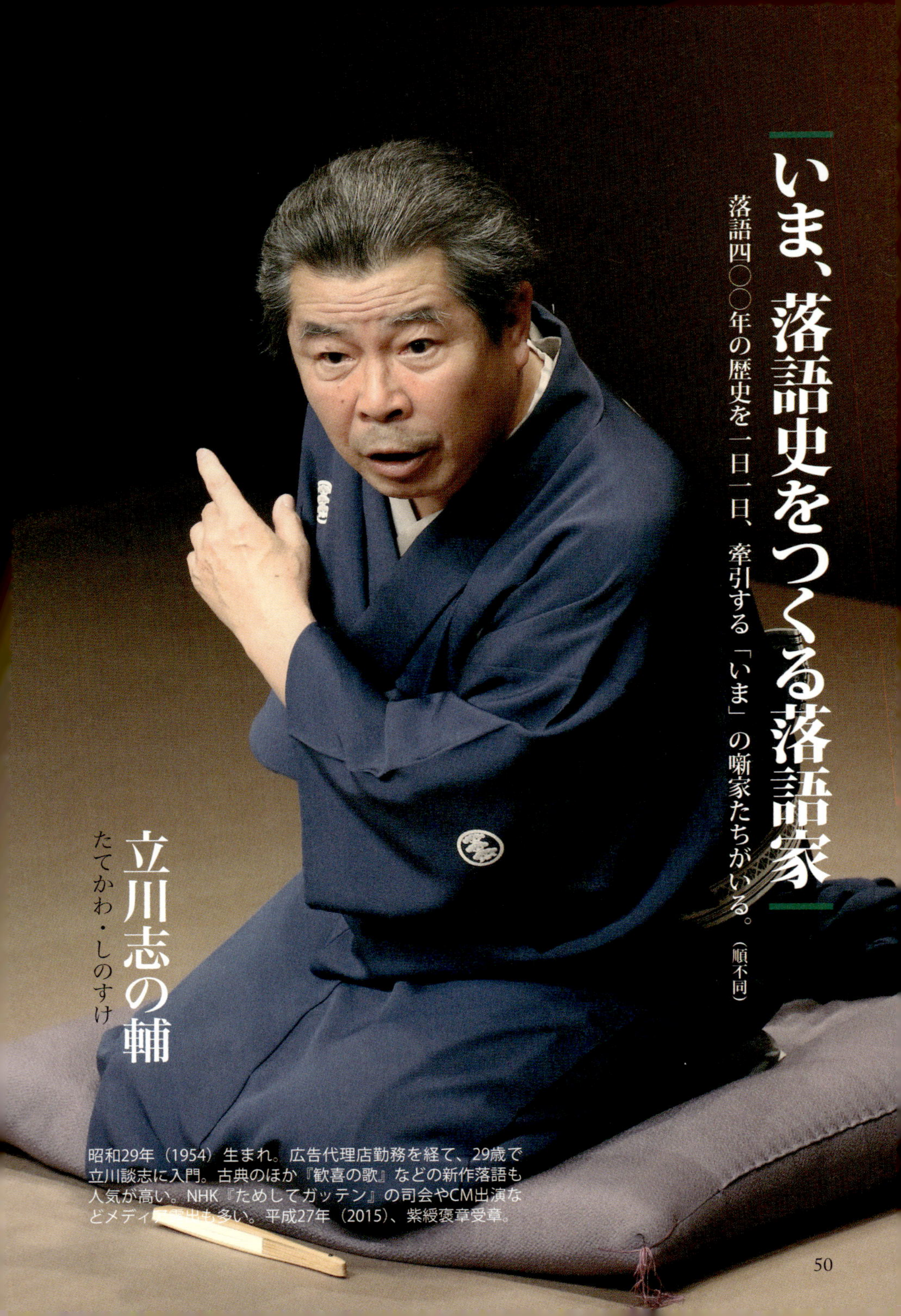

いま、落語史をつくる落語家

落語四〇〇年の歴史を一日一日、牽引する「いま」の噺家たちがいる。（順不同）

立川志の輔《たてかわ・しのすけ》

昭和29年（1954）生まれ。広告代理店勤務を経て、29歳で立川談志に入門。古典のほか『歓喜の歌』などの新作落語も人気が高い。NHK『ためしてガッテン』の司会やCM出演などメディア露出も多い。平成27年（2015）、紫綬褒章受章。

桂文珍《かつら・ぶんちん》

昭和23年（1948）生まれ。「上方落語の四天王」のひとり五代目桂文枝（当時は小文枝）に入門。大学の非常勤講師を務めたことも。若い頃から、メディアに露出する売れっ子。古典、新作ともに演じる。平成22年（2010）に紫綬褒章受章。

春風亭小朝

しゅんぷうてい・こあさ

昭和30年（1955）生まれ。高校生時に五代目春風亭柳朝に入門。常に芸能界に話題を提供してきた。文化庁芸術祭優秀賞、芸術選奨新人賞、芸術選奨文部科学大臣賞受賞などを受賞。

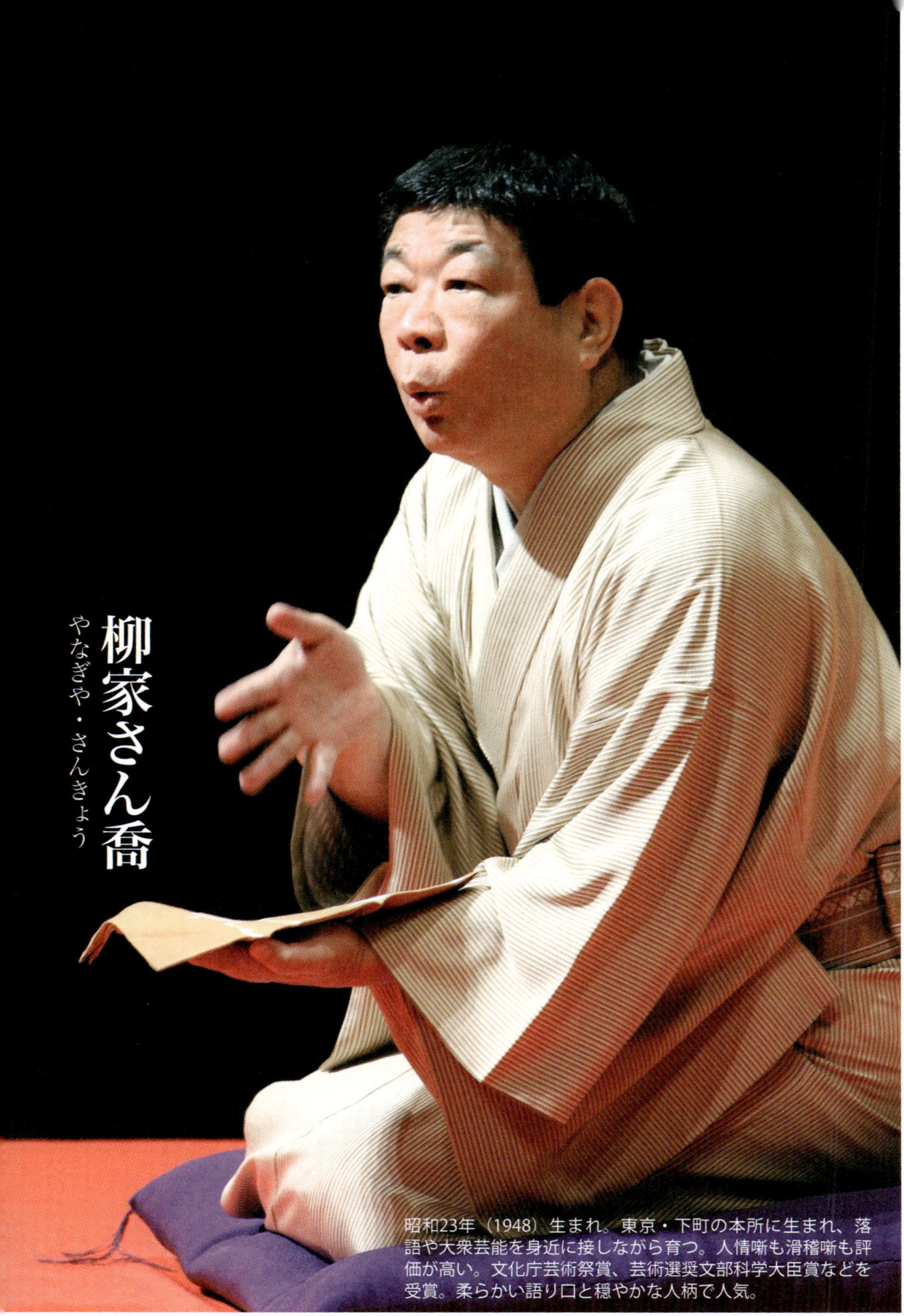

柳家さん喬

やなぎや・さんきょう

昭和23年（1948）生まれ。東京・下町の本所に生まれ、落語や大衆芸能を身近に接しながら育つ。人情噺も滑稽噺も評価が高い。文化庁芸術祭賞、芸術選奨文部科学大臣賞などを受賞。柔らかい語り口と穏やかな人柄で人気。

六代目 五街道雲助
ごかいどう・くもすけ

昭和23年（1948）生まれ。十代目金原亭馬生に入門。古典落語の王道を歩む通好みの芸人で、同業者からも評価は高い。平成21年（2009）に文化庁芸術祭優秀賞、平成26年（2014）に芸術選奨文部科学大臣賞を受賞した。

三代目
柳家権太楼
やなぎや・ごんたろう

昭和22年（1947）生まれ。現代の爆笑派の筆頭。大学卒業と同時に五代目柳家つばめに入門。NHK新人落語コンクールで優秀賞、芸術選奨文部科学大臣賞などを受賞。平成25年（2013）には紫綬褒章を受章した。

四代目 柳亭市馬《りゅうてい・いちば》

昭和36年（1961）生まれ。平成26年（2014）に落語協会発足以来、最年少の52歳で落語協会の会長に就任した。五代目柳家小さん門下で、古典落語の本流を歩む。社団法人日本歌手協会の会員でプロの歌手でもあり、歌のCDも発売されている。

春風亭昇太《しゅんぷうてい・しょうた》

昭和34年（1959）生まれ。新作落語で注目された。五代目春風亭柳昇門下で、独自の解釈で古典にも取組む。文化庁芸術祭大賞を受賞。落語芸術協会理事。平成28年（2016）、『笑点』の司会者に。

三遊亭遊雀《さんゆうてい・ゆうじゃく》

昭和40年（1965）生まれ。三代目柳家権太楼一門の総領弟子として早くから頭角を現していたが、後に三遊亭小遊三の門下へ移る。平成7年（1995）、NHK新人演芸大賞を受賞。実力派真打の一角を担う。

十一代目
桂文治《かつら・ぶんじ》

昭和42年（1967）生まれ。平成24年（2012）に桂派の大名跡、桂文治を襲名。NHK新人演芸大賞落語部門大賞、文化庁芸術祭新人賞などを受賞し、将来を期待される名人候補。得意ネタは酒が出てくる『らくだ』や『禁酒番屋』。

柳家喬太郎

やなぎや・きょうたろう

昭和38年（1963）生まれ。柳家さん喬一門の総領弟子。書店勤務を経て落語家へ。新作落語で名を挙げたが古典もこなす。平成18年（2006）、芸術選奨文部科学大臣新人賞を受賞。チケットが入手しづらい落語家の代表格。

二代目
三遊亭小遊三《さんゆうてい・こゆうざ》

昭和22年（1947）生まれ。昭和58年（1983）に真打昇進、『笑点』の回答者として出演開始。前回の東京五輪と長野五輪で聖火ランナーを務めた。平成13年（2001）、文化庁芸術祭優秀賞。

立川談春

たてかわ・だんしゅん

昭和41年（1966）生まれ。2014年、入門から30周年を迎え、その記念の独演会ツアーを行い、全国73カ所、約5万人を動員。『ルーズヴェルト・ゲーム』『下町ロケット』と池井戸潤原作のTBSドラマに出演。著作『赤めだか』は累計28万部を突破し、スペシャルドラマとして放送され、談春役を二宮和也、談志役をビートたけしが演じ、話題を呼んだ。

九代目
林家正蔵《はやしや・しょうぞう》

昭和37年（1962）生まれ。落語界の名門、海老名家の長男。林家こぶ平で全国区のタレントに。平成21年（2009）、九代目林家正蔵を襲名し、精力的に高座へ取り組む。平成27年（2015年）、文化庁芸術祭賞。

古今亭菊之丞《ここんてい・きくのじょう》

昭和47年（1972）東京都・渋谷区生まれ。中学、高校と寄席に通い詰め、古今亭圓菊に入門、そのまま「江戸」を感じさせる噺家になった。2002（平成14）年、NHK新人演芸大賞落語部門で大賞、平成25年（2013）、芸術選奨文部科学大臣新人賞を受賞。

四代目
隅田川馬石
すみだがわ・ばせき

昭和44年（1969）生まれ。平成19年（2007）、真打に昇進し四代目隅田川馬石を襲名。五街道雲助師匠譲りの圓朝噺や怪談噺をものにする。「奮闘馬石の会」の成果で平成24年（2012）、文化庁芸術祭新人賞を受賞。

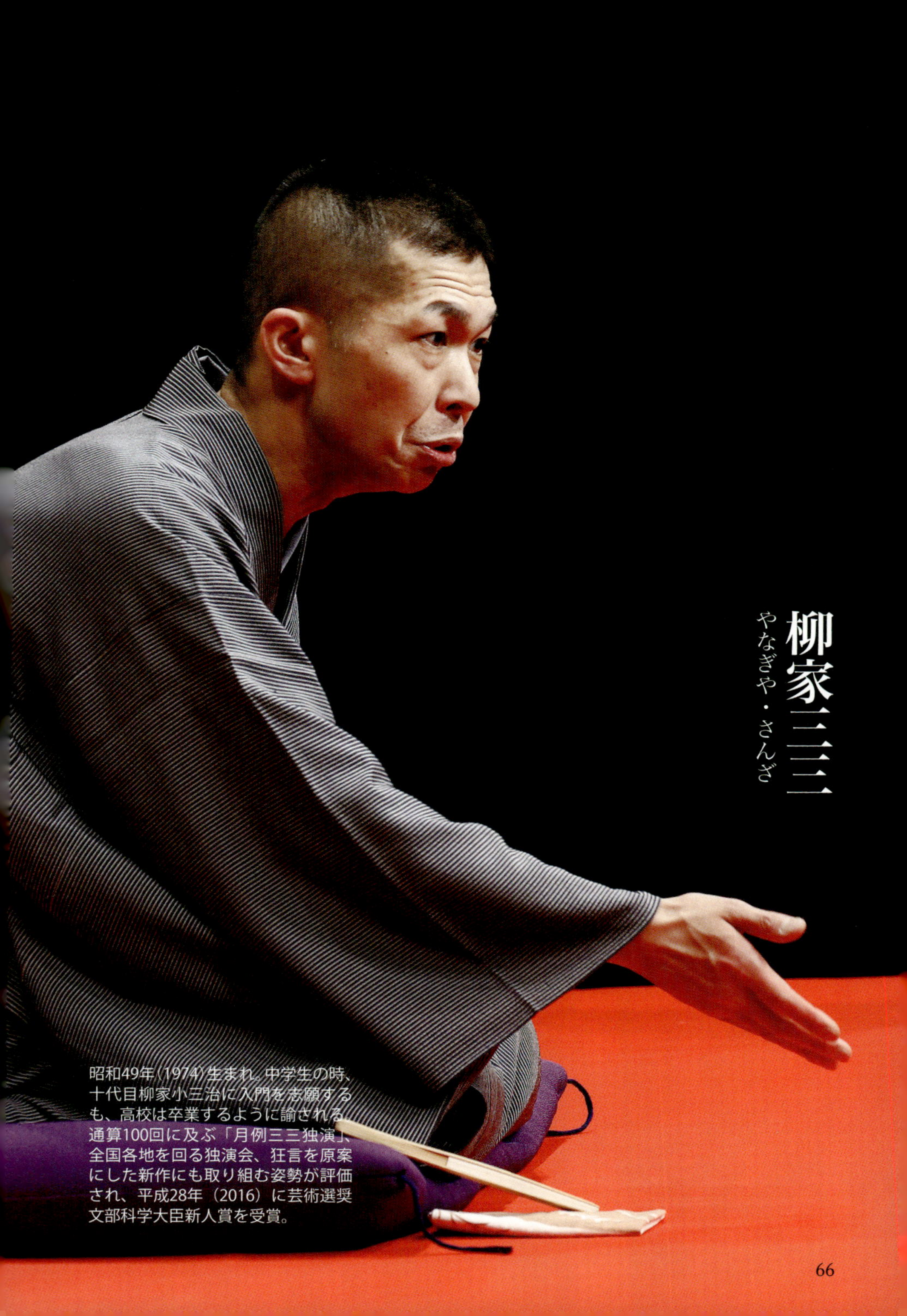

柳家《やなぎや》三三《さんざ》

昭和49年（1974）生まれ。中学生の時、十代目柳家小三治に入門を志願するも、高校は卒業するように諭される。通算100回に及ぶ「月例三三独演」、全国各地を回る独演会、狂言を原案にした新作にも取り組む姿勢が評価され、平成28年（2016）に芸術選奨文部科学大臣新人賞を受賞。

第2章

落語家の素顔

昭和から平成へ。40年以上、高座と客席をつなぐ写真を撮り続けた演芸カメラマン・横井洋司。あの日あの時の1枚の写真が貴重な演芸史の記録になった。

写真：横井洋司

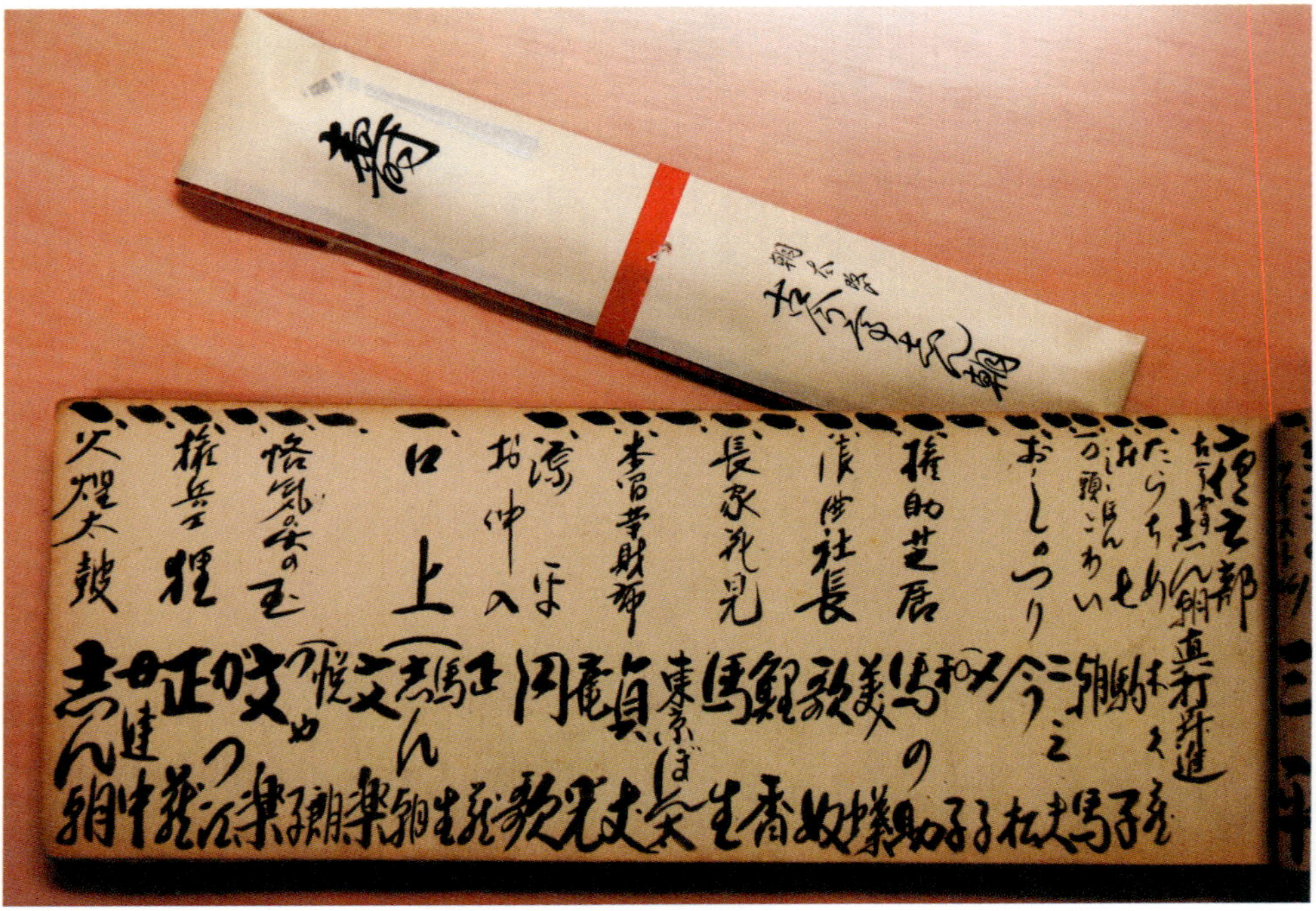

【1962年】

三代目古今亭志ん朝は1962年に真打に昇進した。これは上野・鈴本演芸場で行われた真打披露の初日のネタ帳。当時はネタ帳を書く専門の人がいた。2005年5月、『志ん朝の高座』という本を出すときに改めて撮影させてもらった。開口一番（『たらちめ』）の木久蔵は今の林家木久扇。志ん朝は『火焔太鼓』を口演した。ネタ帳と真打昇進記念で配られた扇子。

【1977年7月31日】

落語協会の夏の寄り合い。浅草雷門前で左から三遊亭圓生、林家彦六（当時は八代目正蔵）、三遊亭圓歌、五代目柳家小さん、背後に北村一男（当時の新宿末廣亭の席亭、彦六左方）、川戸貞吉（圓歌右後方）、七代目橘家圓蔵（小さん左方）。これだけのメンバーが揃う寄り合いは珍しかった。落語協会分裂騒動の1年前だ。「桃太郎」にちなんで皆が桃柄の浴衣、振る舞い酒も手伝って雷門前は大変な人だかりだった。

【1978年4月】

初代林家三平と袴の準備をする長男の前座時代の林家こぶ平（現・九代目林家正蔵）。浅草ホールの楽屋で撮影。三平は厳しい顔つきで何を思っていたのか。改築前の浅草ホールの楽屋は四畳ほどで大変狭く、また薄暗いので撮影には苦労した。壁の掲示で、昼主任＝談志、夜主任＝こん平とあり、立川談之助と林家鉄平の二つ目昇進の芝居とわかる。落語協会分裂騒動の後で、三平が倒れる前の時期だ。

【1978年10月26日】
浪曲師の広沢瓢右衛門。東京・渋谷の東横劇場で撮影。1897年（明治30）大阪市浪速区生まれで、81歳になってすぐの舞台だった。「英国密航」の道中づけが良かった。三代目桂米朝らの勧めで引退同然から復帰し、「悪声」ながらも80歳近くになって人気を博した。

【1979年7月28日】

東京・武蔵野市にある春風亭柳昇の自宅へ、雑誌『落語界』の取材で伺った。たしか撮影のために浴衣に着替えてくれて、書棚の前で撮った。本のジャンルは実に様々で、膨大な数の蔵書だった。軍隊に居た若かりし頃の大きな写真パネルもあった。撮影に夢中になり過ぎて、残念なことに何を取材したのか全く憶えていない。

【1979年】

新宿野村ビルで開催された「橘右近資料展」で撮影。寄席文字の橘流を創始した橘右近（左）と弟子の橘左近。右近が書いているショットは珍しい。

【1979年8月28日】

千葉市民会館の楽屋で、右が六代目三遊亭圓生、左が五代目三遊亭圓楽。圓生が亡くなる6日前。この年の夏は圓楽を集中的に追っていて、これは雑誌『落語』の取材。分裂騒動から1年ほど、全国で精力的に一門会をやっていた頃だから、自然と圓楽の師匠である圓生を撮影する機会も多くなった。しかし大師匠だから畏れ多くて、たくさん撮ったものの話をしたかどうかも憶えていない。翌日に群馬県太田市の会で『三年目』を演った圓生の写真は『円生の録音室』（京須偕充著、ちくま文庫）の表紙になっている。

【1979年11月3日】

日本テレビの『笑点』で「笑点暦（カレンダー）」の説明をしているところ。収録は東京の後楽園ホール。こんなセットを作ってカレンダー紹介をしていたときもあった。当時の司会者だった三波伸介を囲んでいるのは、寄席文字橘流の創始者である橘右近（右）と高弟の左近。左近は今も笑点暦をプロデュースし、新宿末廣亭のまね木を書いている。笑点暦は1976年から発売されていて、売上げの一部を寄付するカレンダーだ。

【1979年11月27日】

国立演芸場でのアダチ龍光。フジテレビ系列局で日曜夜9時台に放映されていた『花王名人劇場』の第三回収録場面。司会は立川談志、企画構成は山本益博。この時は「明治三二〇歳」として明治生まれの芸人4人が登場した。奇術師のアダチ龍光（明治29年新潟県生まれ）、浪曲の木村松太郎、お囃子の橘つやと浅草オペラの田谷力三だった。出演者は皆ベテラン中のベテランで、特にアダチ龍光はすでに伝説の奇術師といわれ、撮影できて嬉しかったのを憶えている。確かに品があり、喋りもよかった。

【1979年11月】
橘つや。1898年（明治31年）10月生まれ。大正から昭和にかけて活躍した寄席囃子の三味線方。戦後は落語芸術協会に所属した。新宿末廣亭の楽屋で撮影。

【1979年12月29日】

旧池袋演芸場の暮れの余一会（＊）。たしか噺家が余芸を披露する会だった。右から柳家さん助、三代目柳家亀松（翌年、二代目三亀松を襲名）。鈴々舎馬風が百面相、柳家小里んが相撲形態模写、立川談之助がウルトラマンなど。写真の二人羽織も、亀松が手で、三味線を弾くなどして受けていた。さん助もちょんまげで懐かしい。ちょんまげは古典落語にはもってこいの髪型だから、また若手が結うといいと思う。

＊余一会　31日まである月の末に寄席で行われる特別の興行。

【1980年5月】
春風亭小朝の真打披露興行。上野鈴本演芸場での1枚。客から贈られるお祝いの後ろ幕（披露興行の時に高座の後ろを飾る）の数が多かったことが印象に残っている。右から五代目春風亭柳朝、初代林家三平、春風亭小朝、四代目柳家小せん、そして大師匠の八代目林家正蔵（翌年に林家彦六に改名）が司会を行った。

【1980年8月11日】
東京都台東区谷中の全生庵での圓朝忌。前列左から藤浦富太郎、八代目林家正蔵（彦六）、五代目柳家小さん、十代目金原亭馬生、橘右近、六代目一龍斎貞丈。
平成14年（2000）以降、圓朝忌は圓朝まつりと名称を変え、ファン感謝祭的なお祭りに変化した。その圓朝まつりも2012年に終了し、命日に法要のみ行われているが、2015年から「謝楽祭」として落語協会のイベントとなり湯島天満宮で開催されている。

【1980年頃】

鹿芝居（＊）の第1回。上野本牧亭で、前列左から古今亭志ん橋、立川左談次、鈴々舎馬桜、五街道雲助、一人おいて後列左から、一人おいて柳家さん喬、北見寿代、春風亭一朝。二ツ目の頃か、皆若い。大盛況で場内はすごい熱気、終演後のまだ興奮も醒めやらぬ中を客席へまわって撮った。皆さん表情が良くて、殊にお富役の左談次さんのあだっぽさには脱帽だ。次の年は確か『忠臣蔵』を演り、僕も泉岳寺参りに同行した。

このときの演目は『与話情浮名横櫛』。配役は与三郎＝馬桜、お富＝左談次、蝙蝠安＝雲助、多左衛門＝一朝、番頭藤八＝志ん喬、下女＝北見寿代、黒衣＝さん喬。

＊鹿芝居　落語家の芝居。

【1980年5月17日】
横浜市真金町にある桂歌丸の自宅に伺った。雑誌『落語』の取材だった。師匠はまだ40代半ばだったと思うが、芸歴より釣り歴のほうが長く、「川釣り専門、毛鉤は使わない」などこだわりを話してくれたり、魚拓を見せてくれたりした。この釣り竿コレクションはかなりのお宝だそうだ。大好きな釣りの話をして師匠は終始ご機嫌だった。

【1980年5月20日】
日暮里の自宅でくつろぐ十代目金原亭馬生。『落語界』の取材で訪問した。ここは一階の居間。右側に特級菊正の瓶があって、我々にもお酒を勧めてくれた。馬生はこの時51歳だが、若いのに成熟した趣があった。寄席では前座さんにビールを買ってこさせ、半分キューって飲んで高座に上がり、下りたら残りを飲み干す姿が印象に残っている。

【1980年頃】

春風亭小朝のギター伴奏で熱唱する五代目春風亭柳朝。東京・新宿のクラブ紅での1枚。何曲か歌ったが酔っぱらってノリノリだった。

【1980年頃】
真打昇進のときに『花王名人劇場』（フジテレビ）に出演した春風亭小朝（左）と黒柳徹子。キャッチフレーズは「横町の若様」だった。後ろ幕は山藤章二が描いた似顔絵。同じ図柄の手ぬぐいを小朝が広げている。

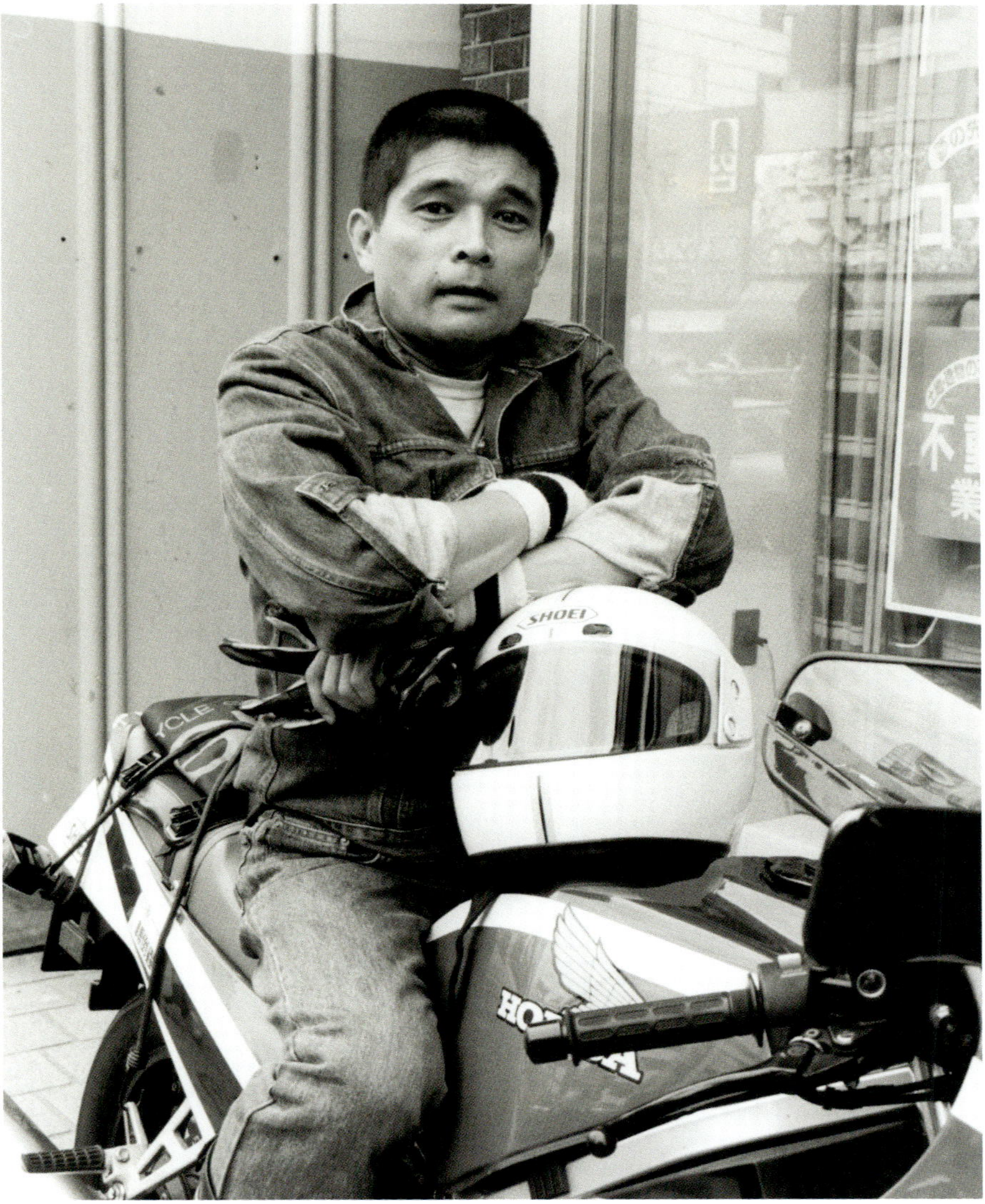

【1980年頃】
鈴本演芸場前でホンダの750ccバイクに跨がった柳家小三治。噺家仲間と「てんとう虫」というツーリングサークルを結成し、あちこち出かけていた頃ではないだろうか。まだマネージャーもついていないこの頃、高座を終えてふらっと出てきたところを撮った。本当はバイクに併走して撮りたかった。お互いに無口だから撮影時間はほんの2、3分。撮り終えるとそのまま颯爽と去っていった。

【1981年3月】

三遊亭圓龍、柳家さん喬、六代目五街道雲助の真打昇進披露口上。左から林家彦六、三遊亭圓龍、柳家さん喬、六代目五街道雲助、十代目金原亭馬生。当時は口上の人数が少なかった。自分の師匠が並んでいない口上は今では考えられない。鈴本演芸場で撮影。

【1981年】

信濃町・CBSソニースタジオで、五代目宝井馬琴（＊）のLP15枚組「講談　寶井馬琴」録音風景。京須偕充プロデューサーから録音の様子も撮るよう依頼された。これは「圓生百席」の後だから、この座布団は圓生師匠も座ったんだろう。ずっと講談界をリードしてきた師匠だから緊張しなかったといえば嘘になる。後日、本牧亭でジャケット写真撮影もした。

＊五代目宝井馬琴　本名は大岩喜三郎。明治36年11月9日〜昭和60年10月26日（82歳）。愛知県生まれ。大正14年、四代目宝井馬琴に入門し「琴桜」、後に「琴鶴」に改名。昭和5年、真打昇進。昭和9年、五代目宝井馬琴を襲名。昭和55年より講談協会会長。昭和20年代には参院選立候補も。参考文献＝『みんな芸の虫』（京須偕充著　青蛙房）

【1982年12月】

落語協会の真打認定試験を受験した10人全員が合格し、真打認定証を受け取った。撮影は落語協会の2階。後列右から春風亭一朝、七代目三遊亭円好、鈴々舎馬桜、立川左談次、古今亭志ん五、柳家せん八、立川ぜん馬、三代目三遊亭小金馬、六代目古今亭志ん橋。四代目吉原朝馬は写っていない。前列は落語協会の役員で右から六代目古今亭志ん馬、四代目柳家小せん、三代目三遊亭圓歌、五代目柳家小さん、六代目蝶花楼馬楽、四代目三遊亭金馬、九代目入船亭扇橋。

【1982年12月13日】
国立演芸場の楽屋で開かれた「三代目桂三木助を偲ぶ会」。左から五代目柳家小さん、入船亭扇橋、三代目三木助夫人・小林仲子、初代林家木久蔵（現・木久扇）、四代目桂三木助、奥に柳家さん福。息子の四代目三木助はまだ二ツ目だった。五代目小さんと三代目三木助は親友で、三代目三木助の息子（四代目三木助）は同姓だった小さんと同じ小林盛夫の名前を付けられた。楽屋まで行って撮影することは滅多にないのだが、これは「撮っておかなくては」という思いに駆られた。楽屋は和気あいあいとしており、会の司会は三木助がレギュラー出演していたNHKラジオ「とんち教室」の司会をしていた青木一雄だった。

【1983年3月】
三遊亭小遊三の真打昇進披露口上。上野鈴本演芸場で撮影した。左から五代目春風亭柳昇、三代目三遊亭遊三、三遊亭小遊三、四代目桂米丸。小遊三の噺がとても面白く、撮影していて楽しかったのを覚えている。この頃の寄席を撮ったカラー写真は珍しい。

【1983年7月】

東京會舘で三遊亭円歌と夫人の令子。結婚披露宴でお客様全員を見送り、ホッとしている二人を撮った。円歌の先の夫人の三回忌と、新しい夫人の結婚披露宴を同時にやるという大変なシャレであった。円歌師匠は54歳、夫人は30代か。この時期の私は写真週刊誌『フォーカス』の仕事をしていて、祭壇に飾られた先妻の遺影の前に立つ、和装の2人を撮ったほうが誌面に載った。

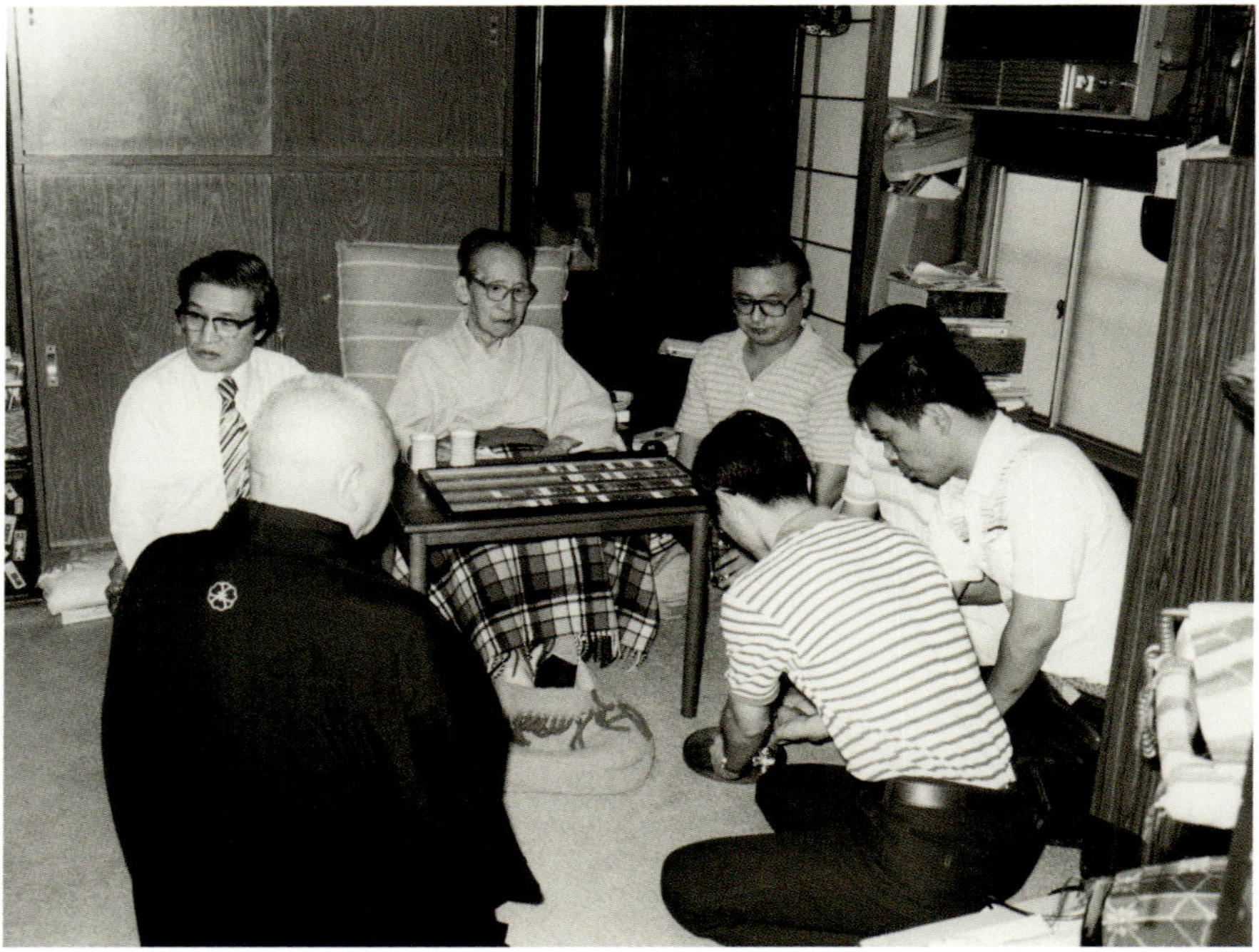

【1983年8月】

新宿末廣亭の2階。9月から始まる真打披露興行の顔付け（かおづけ・出演者や出番を決めること）風景。手前左から時計回りに、五代目柳家小さん、北村一男、大旦那・北村銀太郎、柳家小里ん、蝶花楼花蝶（現・七代目馬楽）、林家源平、林家正雀。こういう場面を一度は撮ってみたいと、当時の落語協会事務員の新妻さんに頼み込んで実現した。大旦那は志ん生と同じ年の生まれで、1946年に新宿末廣亭を開業した。写真は最晩年の姿だが、かくしゃくとして威厳が漂う。顔付けが済むと皆で手締めをして酒宴となった。左隣にいるのは末廣亭の三代目の席亭（北村幾夫）の父親。

【1983年？】

浅草松竹演芸場のコロムビア・ライト（右）とコロムビア・トップ。東京漫才の一派、青空一門の総帥であるコロムビア・トップ・ライトは、私が知り得る漫才師で最高のコンビだと思う。とくに諷刺漫才が面白かった。この写真は浅草演芸場のさよなら公演で撮影したものか。トップは1983年から参議院議員を務めながら漫才もこなしていた。2008年に第1回漫才協会の殿堂入りを果たす。

【1984年3月28日】

二代目桂枝雀。歌舞伎座での第1回独演会が行われたときの楽屋風景。開演前、一人で黙々と色紙に取り組んでいた。寡黙な姿が印象的だった。

【1986年頃】
鎌倉公民館「親子三代落語会」の楽屋で、五代目柳家小さん（右）と柳家九太郎（現・柳家花緑）を撮影。小さんの長男の三代目柳家三語楼（現・六代目柳家小さん）と、娘の次男である孫の花緑の三人で落語会をやっていた。小さんは孫が可愛くて仕方なかったのであろう。帯を結ぶ手つきや視線にそれが表れている。花緑は14歳ぐらいで幼さが残る。中学生ならまだ入門前だから、師匠でなくおじいちゃんとして甘えられる時期だったのだろう。後にこの二人が人間国宝と人気落語家になるとは、この頃は知る由もなかった。

【1985年3月11日】
五代目三遊亭圓楽が私財を投じて開場した東京都江東区東陽の寄席若竹の記者会見のようす。右から（現名）三遊亭楽之介、六代目三遊亭圓橘、三遊亭小圓楽、三遊亭鳳楽、三遊亭喜八楽、五代目三遊亭圓楽、三遊亭五九楽、三遊亭好楽、三遊亭楽麻呂、三遊亭楽太郎（現・六代目三遊亭圓楽）、三遊亭貴楽。客席数200近い立派な会場に、マスコミがたくさん集まった。こうしてみると、弟子たちは晴れがましさと不安が入り交じった表情だ。約4年で閉場したが、この若竹ビルには「円楽党」の看板が今もある。

【1986年】
三遊亭圓丈が上梓した『御乱心』の発刊記念で落語協会分裂騒動の寸劇が演じられた場面だ。右から三遊亭生之助、三遊亭圓弥、三遊亭圓丈、川柳川柳、三遊亭圓龍、三遊亭圓好。発刊記念とはいえ、話題になり売れた後に開催された記憶がある。場所は上野本牧亭。1978年に落語協会から脱会して設立された落語三遊協会の旗揚げも上野本牧亭だった。圓龍の付けている面は五代目三遊亭圓楽。

【1987年9月？】

十代目桂文治。お江戸日本橋亭に出演した帰り道。歩道の端に寝そべって撮影した。背景は重要文化財の三井本館。『別冊太陽』（平凡社）の落語特集で撮影した。

【1987年】
15歳で五代目柳家小さん（右）に入門した柳家九太郎。現在の柳家花緑だ。小さんは孫のデビューにうれしそうだった。左は叔父で2006年に六代目柳家小さんを襲名する三代目柳家三語楼。

【1988年頃】
東宝名人会で開口一番（一番最初の出番）に登場した柳家九太郎。

【1988年3月】
帝国ホテルの孔雀の間で開催された林家こぶ平（現・九代目林家正蔵）の真打昇進披露パーティー。落語協会会長の五代目柳家小さんから真打の認定書を受ける。右端は師匠の林家こん平。

【1988年7月23日】

長野県北八ヶ岳の北横岳ヒュッテ前で口演する三遊亭右紋（1948 ～ 2014）。スキーや山には覚えがあった私は、標高2473mの少し下にある山小屋での落語「てっぺん落語会」に同道した。室内開催の翌朝に屋外で開催したときの写真。右紋曰く「空気が薄いからゆっくり喋ってしまうし、酒を飲んでもすぐ酔う」。1990年前後から中高年者に登山ブームが起きていた。この写真は「日本一標高の高いところでの落語会」として写真週刊誌『フォーカス』に掲載される予定だったが、ちょうどこの日、自衛隊の潜水艦「なだしお」と遊漁船が衝突、遊漁船が沈没して多数の死傷者を出したため誌面はこの大惨事に差し替わった。

【1989年12月14日】
「三人ばなし」の最終回。上野本牧亭で撮影。右から桂文朝、十代目柳家小三治、九代目入船亭扇橋。それぞれ演目は『三方一両損』『がまの油』『弥次郎』だった。終演後だからだろうか、3人ともすっきりした顔をしてる。笑顔で肩を組んでくれたが、3人それぞれの距離感、リスペクトを感じた。

【1990年】
1989年（平成元）10月 、柳家さん喬に入門した前座名柳家さん坊が、現在の柳家喬太郎。
上野鈴本演芸場でプロフィール用の写真として撮影した。

【2008年3月】
芸術選奨授賞式。赤坂プリンスホテルで行われた。左から、文部科学大臣賞を受賞した立川志の輔、選考委員の玉置宏、文部科学大臣新人賞を受賞した林家たい平。

【2005年頃】

新宿末廣亭の寄席風景。末廣亭は両側に昔ながらの畳敷きの座敷席がある唯一の寄席だ。履き物を脱いで上がり、くつろぐことができる。舞台上は太神楽（だいかぐら）を演じる鏡味仙三郎社中（右から鏡味仙三郎、鏡味仙花）。

【2010年12月21日】
六代目三遊亭圓楽の襲名披露口上。新橋演舞場で撮影。左から春風亭小朝、三遊亭小遊三、桂歌丸、六代目三遊亭圓楽、立川談志、笑福亭鶴瓶。こんなに豪華な口上はまずない。代表者制の撮影で、この写真がマスコミに配信された。

株式会社
日本香堂より

【2014年7月14日】
重要無形文化財保持者（人間国宝）に認定された柳家小三治。東京會舘での記者会見では「私は本当にうれしい。肩書きはお客さんが喜んでくれること」と語った。落語家の人間国宝は五代目柳家小さん、三代目桂米朝に続いて3人目だった。

第3章

落語の歴史

落語には約400年もの歴史がある。
落語をより面白く聴くために、
激動し続けた落語史を俯瞰し、主だったトピックを山本進が解説。

文：山本進

人の暮らしに笑いがあると和やかになる。長屋暮らしで壁一枚隔てたお隣さんや、三尺ばかりの路地を隔てたお向かいさんと上手くやろうと思ったら、諍いごとをするりとかわす笑いや知恵が欠かせない。落語の歴史はそのまま庶民の歴史である。人々が、時代の波に揉まれながらも、いつも身近に貪欲に笑いを求め続けた証として、落語の歴史を今一度振り返りたい。

落語のはじまり

【眠らぬための戦の夜語りが落語の源流か】

一六世紀の戦国時代末期に、落語の源流が形成されたと言われている。戦国時代から江戸時代にかけて、武将や大名は「御伽衆」という側近を複数名抱えていた。御伽衆は政治や軍事の相談相手役、武芸や趣味の指南役を担う面々で、戦の際は、この御伽衆のうち話の得意な者が味方兵に向けて夜通し語り続けたという。何とか眠気を吹き飛ばして夜襲に備えるためだ。話の中身は、兵を鼓舞する武将エピソードやご先祖の武功話が多かったようだが、更に、眠気覚ましの効果をねらって、ドッと笑いを誘ういわゆる「オチ」が考案、工夫され、それが今の落語の源流のひとつになったと考えられている。

【戦国時代の笑い話を書物にまとめたのは「落語の祖」安楽庵策伝】

戦国時代の申し子のように生まれた「オチのある笑い話」は、そのまま『醒睡笑』（一六二八年）という書物に残されている。千余りの笑い話が記されていて、現在も読むことができる。『醒睡笑』即ち「睡りを醒ます笑い」というタイトルに、当時の御伽衆たちが果たした役割が垣間見える。

話を集めて編集したのは、京都誓願寺の住職だった安楽案策伝というお坊さん。豊臣秀吉の「御伽衆」の一人であったともされる策伝は、自身が語りの名手であり、かつ当時の話の数々を書物にまとめ上げ、後世に残した功績から「落語の祖」と言われている。『醒睡笑』には、現代落語の原形と考えられる話が多く含まれている。例えば、現在寄席の高座で人気の『平林』『牛ほめ』『かぼちゃ屋』『子ほめ』などがあげられる。

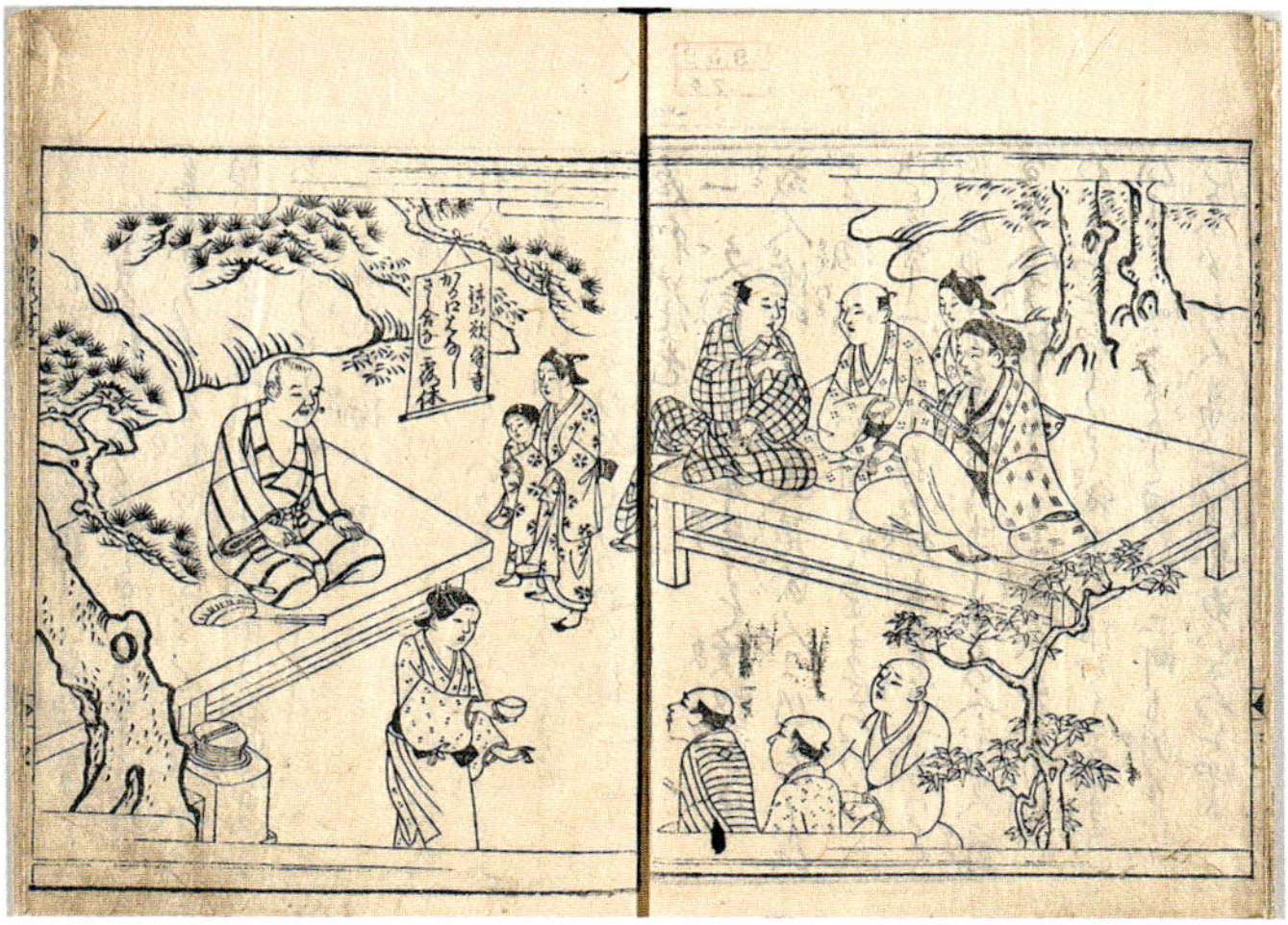

露の五郎兵衛　辻噺の創始者、五郎兵衛が著した『かへり花』より。1712年（正徳2）刊行。左に座っているのが露の五郎兵衛。露の五郎兵衛は二代目露の五郎兵衛（1932～2009）の後は空き名跡になっている。国立国会図書館蔵。

【京・大坂・江戸、三都同時に「落語家の祖」現わる】

江戸時代中期にさしかかる一六八〇年代、いわゆる元禄繚乱の頃、当時すでに三大都市であった京都、大坂、江戸でそれぞれに元祖落語家と言える人物が現れる。

京では露の五郎兵衛。盛り場や寺社の境内など屋外で通りすがりの人を集めて話す、「辻噺」というスタイルを確立し、人気を得た。

大坂では米沢彦八。神社境内で葭簀張りの簡単な小屋をたて、「小屋がけ」というスタイルで「当世仕方物真似」を看板に掲げて興行した。

江戸では鹿野武左衛門。京や大坂と異なり、主に武家屋敷や商家などに招かれ、お座敷に座って身振り手振りを交えて話す「座敷噺」というスタイルで定着していった。

三人とも、不特定多数の客を相手に料金を徴収して興行したので、その点でプロの噺家と言える。彼らが「落語家の祖」と言われる所以である。

落語界の巨人、三遊亭圓朝

幕末から明治へかけての激動の時代に、三遊派を率いて大活躍した落語家、三遊亭圓朝は「近代落語の祖」と称されることがある。なぜか。それを知るために、幕末の頃の落語界からみていこう。

寛政期（一七九〇年代）初代三笑亭可楽の初興行以来、寄席というものが急速に庶民娯楽の場として盛んになった。ところが老中水野忠邦による「天保の改革」で、その大半が取りつぶしとなり、一旦は火の消えたようになったが、一八四三（天保一四）年、あまりにも性急にことを進めた水野の失脚によって「天保の改革」が終わりを告げ、寄席制限令も翌一八四四年には撤廃される。すると落語はあっという間に息を吹き返し、幕末へ向けて空前の活況を呈するようになった。伝承芸としての噺の内容が充実し、前座・二つ目・真打といった寄席の制度などが整ってくる。

例えば、それまで一カ月ごとに入れ替えだった興行が半月毎になり、興行のテンポが上がってくる。また、一席の噺がオチの一句で完結する滑稽噺が主だったが、幕末は義理人情・勧善懲悪をテーマにした人情噺が流行り、長編を一五日に区切って演ずることで、客が翌日の興行を心待ちにするようになる。「続き物の人情噺でトリが取れるようでなくては、真打にはなれない」という不文律が生まれるようにもなった。

客から三つの題をもらい、即座に一席の落し噺にして演ずる「三題噺」も再び流行った。一八〇四（文化元）年に可楽が初演したといわれる三題噺だが、約五〇年後のこの時期に再び脚光を浴びた。落語家たちだけでなく、戯作者や画家など粋人たちが、「三題噺の会」というものを開いて自作の三題噺を披露するようになったのだ。そういう中から今に残る名作『鰍沢』などが生み出された。

落語界の巨人と言われた三遊亭圓朝は、この頃に登場する。音曲師・橘家圓太郎を父にもつ圓朝は、はじめ子供噺家として人気を取り、若くして「芝居噺」で頭角を現わし、「三題噺の会」でも、最若手の落語家として先輩達に伍して創作力を磨いた。

一八六九年になると、改めて明治新政府から「演劇類似興行禁止令」が出される。風俗が乱れぬよう、取

三遊亭圓朝　昭和初年に刊行された『圓朝全集』の口絵より。国立国会図書館蔵。

り締まろうというものだ。

江戸の頃から根強い人気があったのは「芝居噺」で、そこでは「鳴り物」といって三味線・太鼓など音曲の伴奏を入れ、高座に背景の大道具を飾って、芝居がかりの演出をしたりしていたが、それでは禁令に引っかかり、取り締まりの対象になる。

ここで一歩抜きん出たのが圓朝だ。噺一本で勝負に出た。大がかりな道具を一切使うことなく、扇子一本・舌一枚の「素噺《すばなし》」に特化したのだ。人の心の機微を洞察する力と、それを高座に写して上質な人情噺として演ずる芸を身につけた圓朝だったから出来たことだとも言える。

実際、圓朝作とされる『文七元結』『鰍沢』『芝浜』『心眼』『死神』など、今もなお定番中の定番として不動の人気を誇っている演目は少なくない。一部「圓朝作」かどうかに疑問符のつくものもあるが、少なくともこれらの噺を近代人の心に届くように改編したのが圓朝であったことは間違いないだろう。

彼の最も大きな業績である長編人情噺の創作にも、その姿勢は保たれた。『怪談牡丹灯籠』や『真景累ケ淵』などが現在でも繰り返し演じられている事実は、それを証明している。

しかも幸運なことに、生まれたばかりの日本の速記術と遭遇し、圓朝の高座は活字になって全国に広まった。更に、よく知られたように二葉亭四迷の言文一致体に影響を及ぼすという、日本文学近代化への貢献まで果たした。

こういった業績を振り返るとき、圓朝こそは「近代落語の祖」と呼ばれるに最もふさわしいと言えるのではないだろうか。

茲三題噺集會
其水
如皐
玄魚
芳幾画
芳幾画

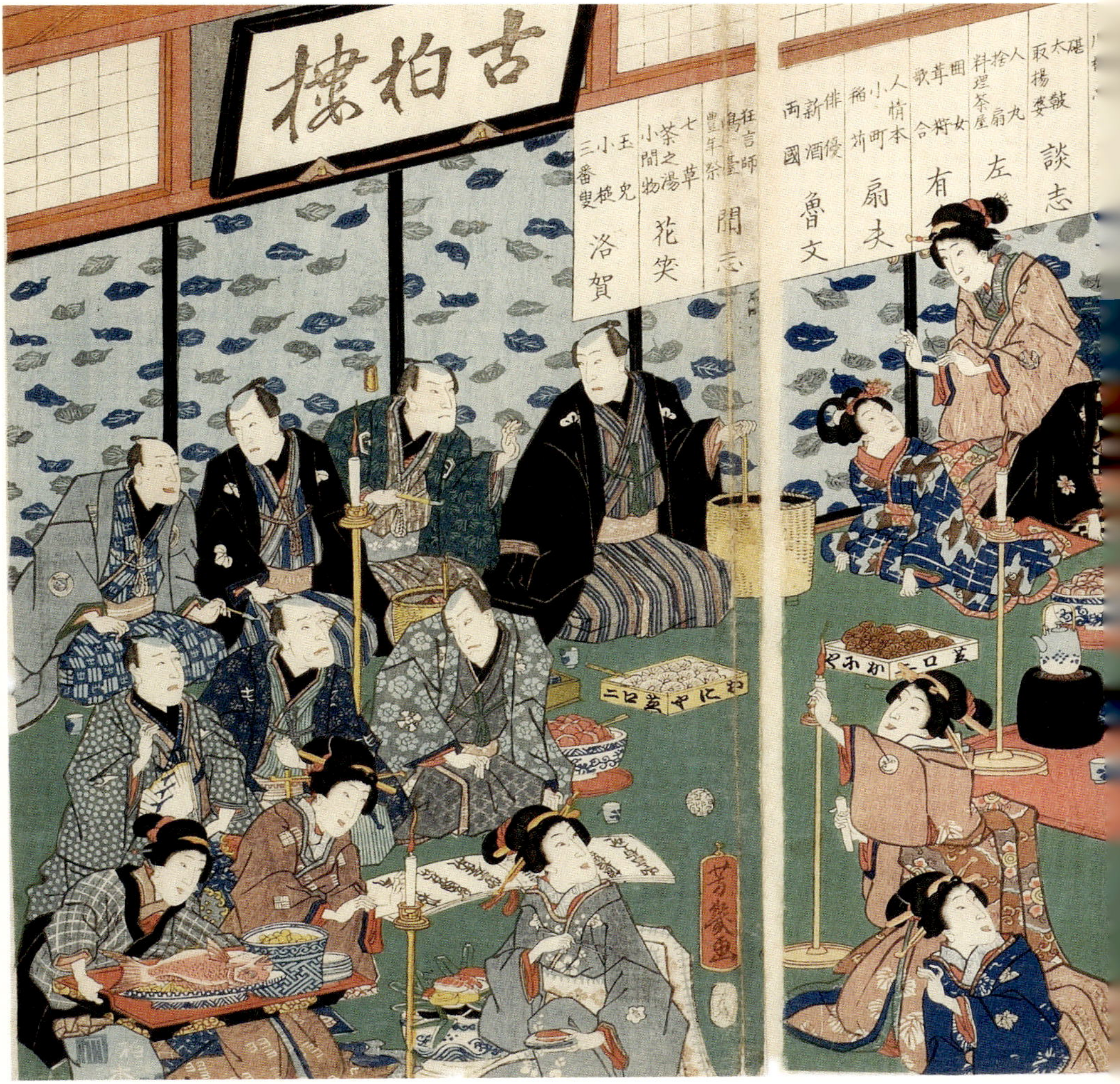

三題噺　『茲三題噺集会（ここにさんだいばなしのよりぞめ）』あらかじめ与えられた3つの題を織り込んでオチをつけた噺にする「三題噺」の会の様子が描かれている。一恵斎芳幾（いっけいさいよしいく）画。1862（文久2）年の作。長押（なげし）には3題と演者の名が書かれた紙がずらりと貼り出されている。芳幾自身も三遊亭圓朝らとともに「粋狂連」という三題噺の会のメンバーだったという。『芝浜』や『鰍沢（かじかざわ）』などの名作は、こういった幕末の三題噺の隆盛のなかで生まれた。たばこと塩の博物館蔵。

落語研究会

落語研究会は、真の落語話芸向上のため落語家同士が切磋琢磨する研鑽の場として始まった。

歴史の過程でとりわけ、明治の半ばを過ぎた頃、「このままでは落語が駄目になる」と不安を感じた有志落語家が率先して動くことで始まったのが、今日につながる「落語研究会」である。だが、それ以前にも、その時々のやりかたで、落語の演目に磨きをかけるための努力が払われてきた。例えば、「落語中興の祖」烏《う》亭焉馬《ていえんば》による「咄の会」、あるいは、幕末の粋人たちによる「三題噺の会」などである。

【咄の会　一七八〇年代】

「咄の会」は江戸時代後半一八世紀末頃に、烏亭焉馬によって始められた。烏亭焉馬とは、元は大工の棟梁で町の旦那衆で、当時全盛の狂歌の世界や歌舞伎界に顔の利いた人物だ。彼が向島の料亭で開いた「咄の会」に、蜀山人や五代目市川團十郎など当時の文化人が集まって自作の落とし噺を披露し合った。これが非常に受けて、江戸では自作の噺を自ら演じることが流行り、「咄の会」はますます隆盛となり、初代三遊亭圓生、初代三笑亭可楽ほか多くの職業落語家を生み出した。鹿野武左衛門の事件以後ほぼ百年間、不振を極めていた落語が再び盛んになる。焉馬が「落語中興の祖」とされるのはそのためである。

【三題噺の会　一八六〇代】

一九世紀初め（文化初年）に初代三笑亭可楽が始めたといわれる三題噺は、一時さびれたが、幕末の文久年間には再び大流行を来して、粋狂連、興笑連などと名付けた「三題噺の会」が盛んになる。メンバーは、落語家のほか、戯作者、狂言作者、浮世絵師など。この頃、時代はちょうど幕末。ペリー率いる黒船が来航したのが一八五三年、大政奉還が一八六七年など、世の中が大きく動いている只中にこのような動きが生まれたのは、実に興味深い。

【第一次落語研究会　一九〇五年〜一九二三年】

本来の「落語研究会」は、明治三八年三月に始まった。のちに「第一次」と冠せて呼ばれる。

一八七七（明治一〇）年に起こった西南戦争が、明治新政府の勝利に終わったのを機に、地方から東京への人口流入が始まり、寄席の客ダネも少しずつ変化するようになった。地方出身の人々にとっては、しみじみとした人情噺よりも、一目見て分かる珍芸のほうが喜ばれた。中でも、着物の尻をはしょって「ステテコテコテコ」と調子を取って踊り、在来の噺を一段と当世風の滑稽にアレンジした三遊亭圓遊の芸はひときわウケが良かった。

こうした流れに危機感を覚え、「伝統的落語をしっかり継承させていかなくてはならない」と考えた三遊亭圓左が、芸達者な落語家を集めて第一次落語研究会を旗揚げした。「落語古来の伝統を守る」「時代に合わせた新作の奨励」「若手育成」「寄席興行の改良」の四つを目的に掲げたこの会は、四代目橘家圓喬や三代目柳家小さんなど、流派を越えて本来の話芸を追求する落語家が集まったものだから、やはり芸を重んじる通の客が大層喜び、月一回の定例会は満員、やがて研究会への出演は落語家にとってのステイタスとなっていく。

他にも、功績は多い。例えば、当日の演目をあらかじめ公表したり（いわゆる「ネタ出し」。普通寄席では事前に演目を公表することはない）、同じ噺なのに落語家によって区々《まちまち》の題名が付けられていたのを統一するようにしたり、マクラからサゲまできちんとシナリオを整えたり、今日で言えば商品開発を行ったのだ。落語が一つの文化として後世に残るために、こうした〝噺を整える〟作業は非常に重要だったと言えるのではないだろうか。

【第二次落語研究会　一九二八年～一九四四年】

関東大震災のため中断していた研究会は、一九二八（昭和三）年に、五代目三遊亭圓生、四代目柳家小さん等を中心に再開、「第二次」落語研究会を名乗って活動する。しかし、時代は戦時下へと向かい、一九四四（昭和一九）年三月には会員総出演のお名残公演をもって幕を閉じた。

【第三次落語研究会　一九四六年二月～六月】

一九四六（昭和二一）年に発足。戦後の再開ということで、会長に作家の久保田万太郎、顧問役に渋沢秀

■落語研究会

立花亭　写真は1934（昭和9）年に撮影された立花亭の様子。東京都千代田区神田にあった。第二次落語研究会の会場になった寄席で、1931（昭和6）年11月の第41回落語研究会を東京放送局がこの立花亭から中継した。寄席初の中継放送だった。写真・毎日新聞社。

雄（渋沢栄一の息子）ら東宝や松竹の関係者が列び、一部の落語家の集まりに止まらず、広く全落語家の結束を謳った体制だったが、船頭多くしてか、まとまりがなく、終戦直後の瓦礫のなかでの会場難という事情もあり、残念ながらわずか半年で立ち消えとなった。

【第四次落語研究会　一九四八年〜一九五八年】

林家彦六（当時は蝶花楼馬楽）が東奔西走して再開に漕ぎ着け、京橋千代田生命ホール、神田立花演芸場、有楽町ヴィデオ・ホールと会場を変えながら約一〇年続く。八代目桂文楽、五代目古今亭志ん生、六代目三遊亭圓生、八代目林家正蔵、三代目桂三木助、五代目柳家小さんら昭和の名人たちが芸を競った。

【第五次落語研究会　一九六八年〜】

現在国立劇場小劇場で月例開催されている「TBS落語研究会」は、元来TBSのテレビ番組制作のために設けられた会で、落語家の自主的な活動であった第四次までとは性格が異なるが、開始以来五〇年近く、演者・演目を厳選、いわば落語話芸のスタンダードを示す檜舞台のようにみなされている。

落語ブーム

戦国時代末期以来四〇〇年の歴史をもつ落語は、時代の波によってそれなりの浮き沈みを経験した。色々な見方はあるが、この間に五つか六つのブームがあったように思われる。

【第一次ブーム　三都同時に「落語家の祖」現る】

江戸時代中期にさしかかる一六八〇年代頃、当時既に三大都市であった京都、大坂、江戸でそれぞれに落語家の元祖と言える人物が現れる。

京都の五郎兵衛は「辻噺」、大坂の彦八は「小屋がけ」、江戸の武左衛門は「座敷噺」と、それぞれのスタイルこそ違え、三人とも、不特定多数の客を相手に料金を徴収して興行した。その点でプロの噺家と言えるわけだが、三人が申し合わせたわけでもないのに、ほぼ同時期に三都にあらわれたのは、やはり「元禄」という時代の趨勢で、まさに第一次落語ブームだったと言えるだろう。

【咄ネタが仇となり下火に】

こうして一七世紀末の三都三人の「落語家の祖」登場でブームとなったところに水を差すように、とんでもない事件が起こる。一六九三（元禄六）年に「馬が人の言葉で喋ったお告げによると、この夏に流行る疫病には、梅干しと南天の実を煎じたものが効くそうだ」という噂が広がり、梅干しと南天の実の価格が一気に急騰したのだ。厳しい詮議の結果、これは、武左衛門の咄本『鹿の巻筆』からヒントを得て、八百屋らがひと儲け企んだものと露見。犯人逮捕で一件落着したが、なんと落語家の武左衛門も「こんな怪しげな話を載せるからだ」と重きお咎めを蒙ってしまった。この筆禍事件のおかげで、せっかく盛り上がった落語ブームもすっかり下火となる。

【「咄の会」で江戸落語復活】

一七八〇年代、江戸落語は筆禍事件からほぼ一〇〇年を経てようやく復活へ向かう。

一八世紀中頃、江戸町民文化を率いる旦那衆の一人に、元は大工棟梁の和泉屋和助がいた。歌舞伎の後援に熱心で、自らも烏亭焉馬や立川談洲楼の名で狂歌や戯作を作る彼が、一七八六（天明六）年に狂歌仲間を集めて「咄の会」を開く。各自が小咄を持ち寄り披露し合うこの会は、好評を博して定期開催となり、『喜美談語』などの咄本を生む。これより少し前に上方で「会咄」という会が流行した。誹諧をたしなむ面々が短い咄を客に披露する形で人気を博しており、そうした上方の動きも焉馬には刺激になったかも知れない。

【第二次ブーム　文化・文政期は寄席大にぎわい】

一八世紀後半の烏亭焉馬主催「咄の会」には三笑亭可楽や三遊亭圓生、立川談笑などが集っていた。このうち可楽は、初めて寄席興行を行った人物とされている。寄席の定義を「特定の場所で一定期間、代金を徴収して興行を行う所」とすれば、一七九八（寛政一〇）年初めてこの形をとって「下谷柳の稲荷境内」で興行したのは可楽だ。現在下谷稲荷のある下谷神社の鳥居下に「寄席発祥の地」の記念碑が建っている。

可楽は、現在のテレビ人気長寿番組『笑点』でお馴染みの「……とかけて……と解く、その心は……」の形式「謎かけ」も得意としたらしく、また客から三つの題をもらい、その場で即座にオチのある一席の噺にまとめる「三題噺」の形式を創始したのも可楽だとされる。町人文化花盛りの文化・文政期、落語家も寄席も一気に増えて活況を呈した。

そこへまたしても水を差したのが「天保の改革」だ。一八三一（天保一三）年に寄席制限令が発せられ、二〇〇軒余りあった寄席は一気に二〇軒ほどに減ってしまう。しかし間もなく水野が失脚して制限が解かれると、忽ち寄席も活気を取り戻し、幕末へむかってブームは続いた。

【第三次ブーム　明治、派閥対立で落語界活性化へ】

維新後の文明開化の浪に洗われた落語界では、一八八〇年代、東京でも上方でも落語家や寄席の間で派閥が出来てくる。東京では三遊派と柳派の二派、関西では桂派と三友派の二派だ。

東京の三遊派の中心は三遊亭圓朝、柳派の頭領は談洲楼燕枝。ひと口に「柳隠居に三遊若旦那」と言われたように、三遊は「明るく若旦那風」、はたまた柳は「洗練されたご隠居風」。客同士で好みの噺家や芸風をあれこれ評するのにも、明確な流派間の対立はむしろわかりやすかったとも言えるのではないだろうか。

上方では同じ頃、それまで桂、林家、笑福亭、立川などが並びあたかも戦国時代の様相を示していたが、それも次第に整理されて桂派が突出した。桂派の総帥である初代桂文枝は、「素噺」で絶大な人気を誇り、やがて門下から「上方四天王」と呼ばれる文之助、文團治、文都、文三が輩出する。結局は跡目争いが起きて、素噺で聞かせる桂派と、色物多用の三友派に分裂し、両者の競い合いのなかで上方落語の洗練が続いた。

【第四次ブーム　大正～昭和、やはり派閥対立から】

映画や喜劇、浪花節、明治末期から大正にかけて様々な新興の芸能が増えてきて、寄席は苦戦を強いられるようになる。それだけではない。一九一四（大正三）年に起きた第一次世界大戦が大きな軍需景気を生み、大金を手にした人々の中にはしきりに人気落語家を自分のお座敷へ招こうとする輩が出てきた。招かれた噺家は、寄席に穴を空けても、実入りのいいお座敷を優先するようになる。

「何とか落語家の無断欠勤をなくしたい」と考えた寄席業者たちが、「東京演芸株式会社」を設立する。それまで歩合制で稼いでいた落語家たちに、「月給制である。安定した収入を保障する」と大きく方向転換したのである。

落語家がサラリーマンになることに反発も出た。反対するメンバーで「睦会」を立ち上げる。正式には「三遊柳連睦会」といい、なんとそれまで対立していた三遊派と柳派が手を結んだ形だ。

こうして今度は、芸風の違いによる派閥から、新時代を象徴する月給制の演芸会社と、従来の歩合制を継ぐ睦会との対立となり、関東大震災で東京の寄席が壊滅状態になるまでのブームを創り出す。

【第五次落語ブーム　昭和三〇～四〇年代、ラジオとテレビが人気者を育てる】

終戦後はラジオとテレビが落語人気を押し上げる。一九五一（昭和二六）年に初の民間ラジオ放送局開局。一九五三（昭和二八）年にはＮＨＫと日本テレビがテレビ放送を開始する。これを機に、ラジオやテレビで一夜にして人気者になる落語家が現れ始めた。また、ラジオ東京（現・ＴＢＳ）が、文楽・志ん生・圓生・小さんらと初めて専属契約を結び、貧乏が売り物だった落語家の懐もいくらかは暖かくなってくる。

テレビの芸能番組は、手軽に視聴者の笑いを取れるものが重宝された。落語家が出演する番組としてはNHKの『お笑い三人組』やフジテレビの『お笑いタッグマッチ』が人気にもなった。

一九六〇年代になるとテレビ演芸番組がもてはやされる。後に演芸ブームと呼ばれたこの時代は、景気後退によりテレビ各局も予算が減ったところで、低コスト高視聴率の演芸番組に一層注力していった経緯がある。長寿番組へと成長する日本テレビ『笑点』はこの時期に誕生した。

【平成ブーム　平成一五年～テレビドラマが牽引役】

テレビで茶の間にお馴染みだった林家こぶ平が、名跡、林家正蔵を襲名するというので大いに盛り上がったのが二〇〇五（平成一七）年。これが平成落語ブームの始まりと言って良いであろう。平成のブームは、テレビドラマが牽引した。落語家を主人公にした二〇〇五年のTBS『タイガー&ドラゴン』や、二〇〇七～二〇〇八年のNHK『ちりとてちん』などだ。

『タイガー』は、TOKIOの長瀬智也とV6の岡田准一の、ジャニーズ事務所人気タレント二人が主役を演じた。まず正月明けに二時間ドラマ枠で、春には毎週金曜の連続ドラマとして放送されたものだ。連続ドラマ時の平均視聴率が約一三％で、古典落語を主軸に据えた難しい設定であったにもかかわらず、師弟関係の機微を描いて視聴者の心を摑んだと言える。

『ちりとてちん』のほうは、NHK朝の連続テレビ小説枠での半年もの。貫地谷しほり演ずる主人公が、女性で弱気な性格ながらも大阪で落語家を目指すというストーリーで、平均視聴率一六％程を得た。ちなみに『ちりとてちん』とは、上方落語の演目の一つで三味線の音からきている。

メディアに登場して一気に火がつく平成の落語ブームは、ここからが盛り上がる。

二〇一五（平成二七）年末、TBSが二時間ドラマ『赤めだか』を放送。ジャニーズ事務所の二宮和也が、故・立川談志の弟子である立川談春の半生を演じ、話しっぷりもなかなかのものだと話題になった。視聴率は一一％。さらに二〇一六（平成二八）年一月には、やはりTBSがアニメ番組『昭和元禄落語心中』を放送したほか、松竹による映画『の・ようなもの　のようなもの』が上映された。

■落語ブーム

第二次落語ブーム　1798（寛政10）年に初代三笑亭可楽が下谷稲荷社（現下谷神社、東京都台東区東上野）の境内で江戸初の木戸銭を取った「寄席」を行った。1998(平成10) 年に寄席発祥200年を記念してこの地に記念碑が建てられた。

第五次落語ブーム　前列右から時計回りで八代目桂文楽、五代目古今亭志ん生、初代昔々亭桃太郎、六代目三遊亭圓生、五代目柳家小さん。『東京放送のあゆみ』（1965年　株式会社東京放送刊）より。

こうした流れのおかげか、一〇～二〇代の落語ファンが急速に増え、従来なら寄席興行など到底考えられなかった映画館などに、若い噺家が出向き、それ目当ての若い客が詰めかけるようになった。

戦後ずっと、テレビやラジオなど電波を通じたメディアの力で賑わい広まってきた落語界だが、若い客が寄席を好み始めたということで、原点に返った趣きがある。かつて一六世紀江戸時代、落語家が世に初めて登場した頃、京や大坂では通りの辻で、江戸では屋敷のお座敷で、一期一会の噺に大笑いしていたそうだが、それと似よりの光景が平成の現代に広がり始めている。懐かしく新しいブームの到来である。

一方で、落語家は昭和の名人といわれた人々、その弟子筋の志ん朝・談志・圓楽ら、上方落語復活の四天王ほか、かつて話題をさらった落語家が次々に亡くなり、平成になって物心のついた弟子の代に替わってきた。しかし、落語界へ弟子入りする者も引き続き多くいるという。客たちはラジオだテレビだ寄席だと聞く場の好みがどんどん移り変わるが、落語家たちはどうかそんなことにはお構いなく、肝を据えて歴史を継いだ芸の極みを目指していって欲しい。

落語協会分裂騒動

落語家の団体というものがある。現在、東京では「落語協会」「落語芸術協会」「五代目円楽一門会」「落語立川流」の四団体、上方には「上方落語協会」があり、原則としては、プロの落語家はこのうちのどれかに所属している。

落語家は個性で勝負する芸人だから、一匹狼の集まりというイメージもあるが、いざ営業となると、一人一人で寄席の席主や落語会の興行主らと渡り合うことは、なかなか難しい。そこで明治の中頃以降は、東京で「三遊派」と「柳派」、上方では「桂派」と「三友派」という団体が形成されて、寄席の営業は、各興行主とこれらの団体との駆け引き、協議で運営されるようになった。

大正の半ば以降は、この体制がくずれて、東京では各団体の離合集散がくりかえされる一方、上方では、吉本興行が寄席営業の大半をにぎるようになる。

現在の落語家団体の内、最大規模のものは、東京の「社団法人落語協会」だ。

この落語協会に例をとって、落語家団体の推移をたどってみることにしよう。

【落語協会のはじまり】

一九一七（大正六）年は、東京の落語界にとって激動の年であった。それは新たに東京演芸会社が設立されたことに始まる。芸人の給金を、それまでの歩合制から月給制に改め、人気者がお座敷ばかり重んじて、寄席の出番をおろそかにするのを防ぐ目的があった。従来の歩合制に固執する席亭・芸人らは「三遊柳連睦会」を結成し、これに対抗した。三遊・柳は入り乱れ、取って代わって「会社派」と「睦派」が鎬を削るようになった。この両者のはざまに「演芸中立会」「東西演芸会」などの中間派も現われ、落語界は戦国時代の様相を呈するようになる。

一九二三（大正一二）年の関東大震災の後、東京の落語界はいったん大同団結して「東京落語協会」にまとまったが、一年経たぬ内に旧睦会派が脱落した。あとから振り返れば、この大同団結時が現在の落語協会の発祥点といえるのかもしれない。

一九三〇（昭和五）年、春風亭柳橋が会長、柳家金語楼が副会長の「日本芸術協会」が設立され、昭和初期のモダン流行を背景に「落語も思い切った新作を」とばかりに金語楼の兵隊落語や柳橋の改作ものなどを取り入れていた。現落語芸術協会の前身である。

一九四〇（昭和一五）年には、戦時下の統制の一環として「講談落語協会」ができる。

戦後の東京落語界は「落語協会」と「落語芸術協会」の二派体制に落ち着き、一九七七（昭和五二）年、両協会とも社団法人化された。

【一九七八（昭和五三）年「落語協会」の分裂】

落語家には明確な階級があり、最初は前座、次に二

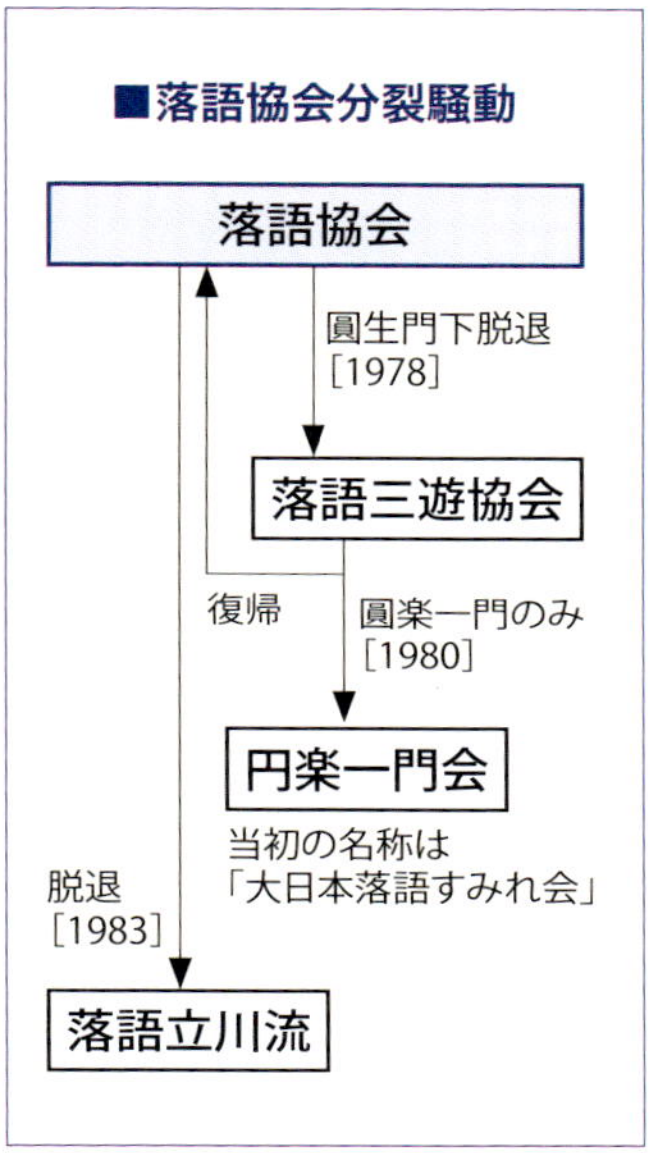

つ目、そして真打に昇進して一人前ということになっている。落語家を目指すからには、大よそ誰もがこの真打昇進を夢見ていると考えて良い。

一九七八（昭和五三）年、この真打昇進をめぐって落語界に突如として激震が走る。落語協会会長の柳家小さんが、過去に例を見ないほど大人数を一挙に真打昇進させ、猛反対した前会長の三遊亭圓生が「門下の落語家を引き連れて脱退する」と発表したのだ。元々は、圓生が小さんを信頼して会長職を譲ったはずだが、このときの圓生は全く譲らぬ姿勢で「真打昇進の基準維持」を主張し貫いた。

結局、紆余曲折ののちに圓生と門下の弟子たちは落語協会を脱退し、「落語三遊協会」を発足させる。しかしこの協会は、脱退騒動により最初から東京での寄席出演の機会を閉ざされていた。圓生は一門のために全国各地を奔走、その心労が祟ったか、翌年心臓発作で急逝する。これを機に門弟の一部は落語協会へ戻り、圓楽の一門だけが、落語協会から独立して一派を形成した。

こうした一連の協会分裂騒動が起こったのは、折しも、バブル期の一九八六（昭和六一）～一九九一（平

成三）年を迎える前夜のことだった。この時代、普通のサラリーマンは年功序列制度のおかげで、年齢に応じて高い給料を手にするようになる。

しかし、落語界は全く年功序列ではない。前座の間は雑用役としてわずかな定額給料をもらうが、二つ目に上がると、出番に応じて「ワリ（割）」と称する給金を貰う。これが歩合だから客がくればいいが、来なければみじめなことになる。そもそも二つ目の出番は多くないからいよいよ苦しい。そこを辛抱してもなんとか真打になりたい、ところが真打昇進が年に一人か二人では、二つ目の古手ばかりが溜まってしまう。

少々基準を緩めて出来るだけ多くの真打ちを出そうとしたのは小さん会長の温情だったのだろう。片や、世の流れとは関係なく、断固厳しい芸の基準を守ろうとした圓生師匠も天晴れだったと言えよう。

【一九八五年、立川流の誕生】

立川談志。破天荒な芸風と言動で行く先々に旋風を巻き起こしたが、一連の協会分裂騒動でも、核になる人物の一人と言われた。一九八三（昭和五八）年には、師匠小さんの方針に公然と反旗を翻し、弟子一五人を引き連れて落語協会を脱退し、「落語立川流」を創設、少数派ではあるが談志亡き後もなお立川流の落語家は強烈な個性を持ち味とし、その立ち位置を獲得、確保しているように見える。

【協会、派閥の今後】

落語協会の分裂騒動の根本は「名を取るか、芸を取るか」にあったと言えるのではなかろうか。

現在の東京の落語界では、真打という称号を得て一人前というのが通り相場になっているので、師匠も弟子も「真打」という「名を取る」ことに固執するのも自然だが、現状を見ると前座・二つ目よりむしろ真打の人数が多く、頭打ち状態である。真打昇進披露の直後ぐらいは寄席のトリが取れても、その後の仕事が続かないことも多いという。

現在のように、いつでもどこでもＤＶＤやインターネット視聴が可能な環境にあって、なぜ敢えて寄席の出番や真打の称号にこだわるのか。客が期待するのは称号・肩書きという〝名〟よりも、「腹から笑える面白い噺」「思わず膝を叩くような旨い噺」「しみじみと心に響く噺」つまりは〝芸〟ではないだろうか。

メディアと落語

もともと落語は寄席で聞くものとして育ってきた。世の中が進むにつれ次から次へと登場したさまざまなメディアのおかげで、今では誰もが居ながらにして落語を楽しめるようになった。そのマス・メディアと落語がどう関わってきたかを眺めてみよう。

【咄本】

落語草創期の江戸時代、落語という呼び名がまだ無かった頃から、笑い話を記録した紙媒体は既に存在していた。そもそも一七世紀に、京、大坂、江戸の三都市で同時期に現れた三人が、後に「落語家の祖」と言われるほど確固たる地位を築いたのも、各人の噺が咄本になって庶民に普及したからだとも言える。咄本は重要な娯楽の一つだったに違いない。

しかし、本とは言っても現代の速記本の感覚とはかなり違う。ひとつには、話し口調そのままが文字になっているのではなく、多くは文語体で表記されているのだ。これは咄本に限ったことではなく、当時の書物全般に共通したことだ。また、印刷技術も未発達だったから、発行部数も少なく、廻し読み、写本などで普及したものも多い。

【速記】

話し言葉をそのまま文字にして書き起こす、というのは、今でこそ簡単なことのように思えるが、壁は厚かったと言って良い。今ならテープ起こしといってカセットやICレコーダーで録音したものを、あとで何度も聞き直して喋った通りに書き起こす作業が一般化しているが、録音ツールがなくメモ取りだけに頼らねばならなかった時代には話し言葉そのままの表記が困難であった。さらに「書き言葉は文語体」という古来からの伝統があり、この文化の壁は、そう簡単には揺るがなかったのだ。

そこへ、舶来の「速記」という手法が登場し、事態は変わる。ご存知の通り「速記」とは、文字ではなく簡素な記号で記録することで話すスピードについていき、あとで文字に再現するというやり方だ。この速記の技術導入により方法の壁はなくなる。

日本語での速記術を確立したのは、伊藤博文から「電筆将軍」と呼ばれた田鎖綱紀という人物だ。明治初期に外国人鉱山技師が速記で母国と手紙をやり取りするのを見て、「ぜひ日本にも速記術を広めたい」と熱心に研究を進めたという。

文化の壁も容易に崩れた。食べ物も衣服も髪型も、急速に西洋風に変わっていった当時の日本で、「速記を用いて話し言葉をそのまま表記するそうだ」という欧米の事実がいとも簡単に文化の壁を取り除いたと言えよう。

三遊亭圓朝が長編人情噺『怪談牡丹燈籠』を寄席で話したまま口語体で表記した「速記本」が、一八八四（明治一七）年に出版されると、大評判を呼び、今で言うベストセラーになる。これは売れるというので、次から次へと速記本が刊行され、新聞各紙も先を争って講談・落語の速記を掲載するようになる。新聞に載ることで、大都市だけでなく全国津々浦々の人々が落語に触れられるようになった。

こうして、やがて訪れる昭和初期のラジオ落語ブーム、第二次大戦後のテレビ落語ブームの素地が作られていった。

【レコード】

一九世紀末からＳＰレコード実用化が始まる。一八八〇年代の蓄音機の開発を受けて、イギリスのグラモフォン＆タイプライター社が世界的規模でソフト開発に動き始める。日本へは一九〇三（明治三六）年に技術者のチームが来日して、日本の伝統芸能各種の録音を行い、音盤にして売り出した。落語では、初代三遊亭圓遊、三代目柳家小さん、初代三遊亭圓右、四代目橘家圓喬などが含まれている。

昭和初年から大戦後へかけてのＳＰレコードの最盛期には、柳家金語楼や初代桂春団治、三代目三遊亭金馬などが大人気を博した。

【ラジオ】

一九二五（大正一四）年に東京放送局（現ＮＨＫ）からラジオ電波の発信が開始された。一九五一（昭和二六）年には、初の民間放送のラジオ局が開局。音声のみで楽しめるものの代表格であった落語はラジオでも人気が高く、各民放局の寄席演芸番組が花盛りとなり、「ラジオをつければ落語が聞こえる」という状態を招来した。

■メディアと落語

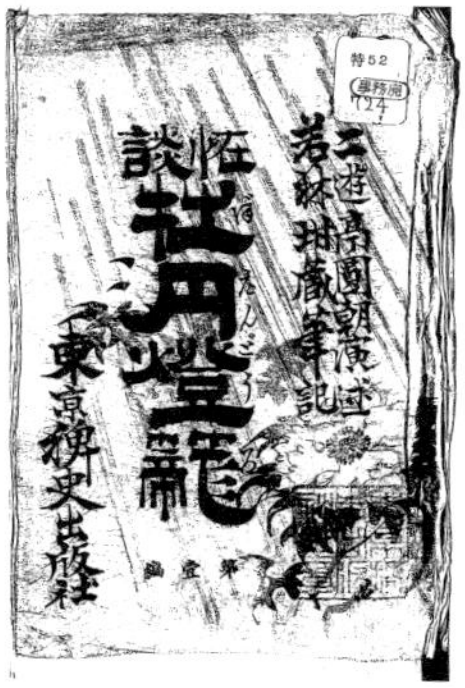

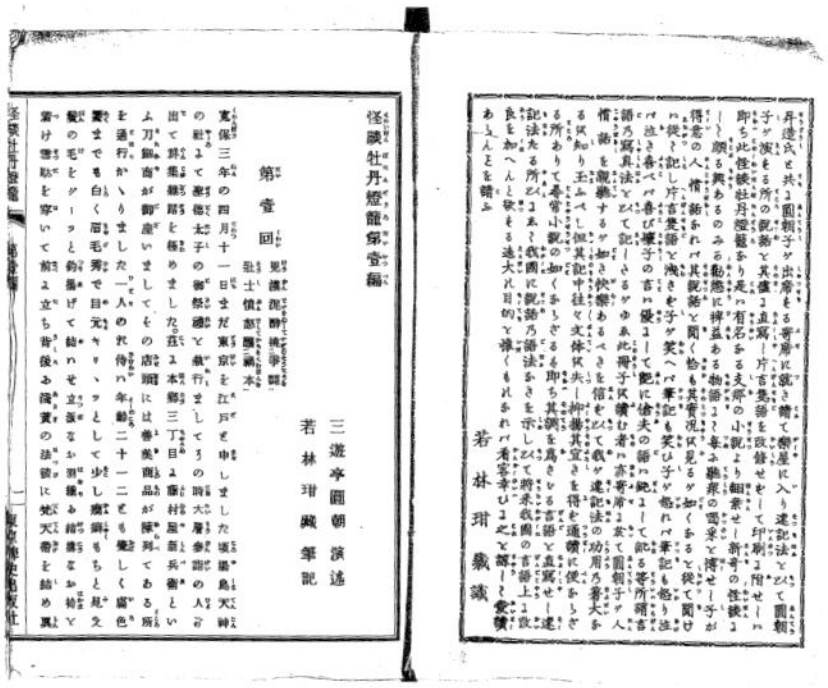

速記本　1884（明治17）年に東京稗史出版社から刊行された『怪談牡丹燈籠』。楽屋で圓朝の口演を「そのまま直写し、片言隻語を改修せずしてそのまま印刷」した。噺は「寛保3年の4月11日まだ東京を江戸と申しました頃」で始まる。速記は田鎖綱紀に学んだ若林玵蔵が行った。国立国会図書館蔵。

レコード　1913（大正2）年に三光堂が刊行した『浪花節文句集　武士道鼓吹』より。桃中軒雲右衛門が新メディアのレコードに吹き込んだことを宣伝するページ。ドイツのライロホン社から技師を招いて録音し、レコード盤は「針擦れ雑音なく」製造したとある。三光堂は1899（明治32）年に、後の社会主義者片山潜らによって蓄音機の輸入販売業者として設立された。国立国会図書館蔵。

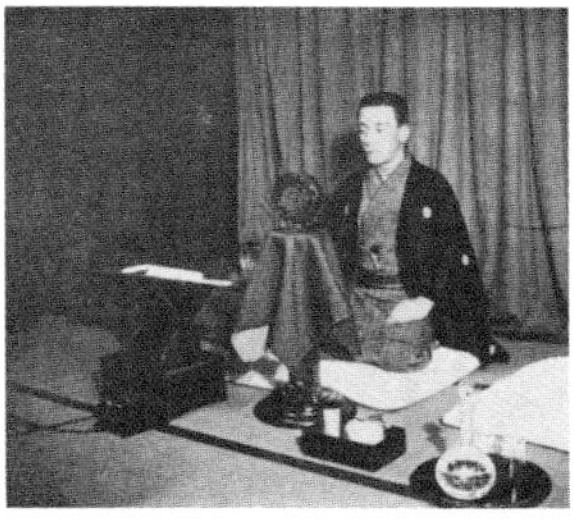

ラジオ　開局したばかりの東京放送局（左）と畳敷きの「和楽放送室」。受信機の普及とともに、落語をはじめ多彩な番組が提供されるようになり、ラジオは娯楽の主役に躍り出た。1925（大正14）年に刊行された『子供のラヂオ　理科と手工』（堂東伝、斎藤薫雄著　厚生閣刊）より。電波の仕組み、鉱石式ラジオや真空管式ラジオの作り方を詳説している。序文には「私共はこれを研究しないで大正の日本人といへませうか」とある。国立国会図書館蔵。

【カセットテープ、CD、DVD】

一九六〇年代にカセットテープが発売されて以来、様々な記録メディアが登場する。これらは、名人の落語を後世に残すという重要な役割を果たした。スタジオで録音録画されたものも多いが、昭和三〇年代から盛んになった「ホール落語」をそのまま記録することも多かった。「ホール落語」は、寄席より収容人数の多い劇場やホールで開催されるもので、同時期に落語ブームを作ったラジオやテレビがファン層の裾野を広げた。ホール落語はお気に入りの落語家の噺をじっくり腰を据えて聞く場としての役割を果たしたと言える。

【テレビ】

三遊亭歌奴（現三代目圓歌）、初代林家三平など、当時若手の落語家が、テレビに登場して一気に国民的人気者になる。特に三平は、「昭和の爆笑王」の異名をとった。落語内容もさることながら、際だった個性に溢れ、視覚的に楽しめるような芸人がテレビでは受け入れられた。

速記本、レコード、ラジオ、CD、テレビ、そうした新しいメディアの出現に連れて、落語もその時流に乗り、あまねく人々の手軽な娯楽として受け入れられている。しかし考えてみるに、本来の落語話芸とテレビとの相性はあまりよくないように思われる。

テレビでは、じっくりと噺を聞くというよりも、視聴者にパッと一瞬で受けるような芸が、その性質上どうしても要求される。いきおい、寄席では余興として位置付けられている曲芸や奇術、紙切りなどの、いわゆる色物芸や、噺家が座布団を並べて珍回答を競う「大喜利」などを、番組に取り入れるケースが多くなり、マクラからサゲまで一席まともに演ずる場合は少なくなっている。

しかし今、一方で、寄席に客が戻ってきている。カフェ落語と言われる小規模な落語会もその数を増やし、映画館での落語などに一〇～二〇代の客が集まっている。元来のこじんまりした寄席空間ならではとも言える、落語家と客の一期一会スタイルに、再び客が戻ってきている。落語家のほうでも、独創的な新作や新形式の落語、一人の落語家が古典にも新作にも挑戦するなど、チャレンジ心旺盛で、これからの落語界もなかなか面白そうだと、予感を抱かせてくれている。

人間国宝と落語

【人間国宝とは】

今、芸能の分野で、卓絶した技能をもって「人間国宝」と言われる人がいるが、いったい「人間国宝」とは何だろうか。

そもそもは「文化財保護法」の中に規定があって、「重要無形文化財保持者」というのが本来の呼び方。「人間国宝」はその通称である。

同法では、「演劇、音楽、工芸技術その他の無形の文化的所産で我が国にとつて歴史上又は芸術上価値の高いもの」を「無形文化財」といい、そのうちでも、とりわけ重要なものを「重要無形文化財」に指定し、その「わざ」を高度に体現できる個人を「重要無形文化財保持者」に認定するものとしている。

この規定により、一九五五（昭和三〇）年に初めて、歌舞伎舞踊の七代目坂東三津五郎はじめ、芸能、工芸の各分野から三〇人が、第一回の認定を受けた。この時に新聞報道で、「重要無形文化財保持者」では余りにも堅苦しい、もう少し一般に判りやすいようにという配慮から「人間国宝」という呼び名を用いたのが、以後定着するようになったといわれる。

以来、現在までに延べ一八〇人ほどが認定を受けている。認定の対象は、大きく芸能部門と工芸部門とにわかれ、芸能部門では、雅楽、能楽、文楽、歌舞伎、組踊、音楽、舞踊、演芸等の各分野から選ばれる。

【「落語界から人間国宝誕生」は新しい流れ】

落語界からは、これまでに三人の人間国宝が誕生している。第一号は柳家小さん（一九九五年認定）、続いて桂米朝（一九九六年）、すこし離れて柳家小三治（二〇一四年）の三人で、ほかに寄席演芸からは、講談の一龍斎貞水（二〇〇二年）が認定を受けている。

人間国宝の制度が生まれたのが一九五五年、それから四〇年もたって小さんの第一号というのは、遅きに失した感じがあるのではないだろうか。八代目桂文楽、五代目古今亭志ん生、六代目三遊亭圓生など、当然、認定を受けていてもおかしくないような気がする。つまりは寄席演芸のステイタスが、まだまだ低かったことの現われだろう。

歌舞伎のジャンルで見ると、現在までで二〇人以上もの人間国宝を生んでいる。尾上菊五郎や中村吉右衛門、片岡仁左衛門、坂東玉三郎など人間国宝になった役者が今も現役で、円熟の境地にあり、毎月の各座の舞台に大輪の華を咲かせている。

落語は、前述の三人、しかも小さん、米朝の二人を失って、目下のところは小三治のみ、寂しい限りと言わなければなるまい。

しかし、寄席の世界では、このところなお落語家の数は増え続け、客の入りも悪くない。寄席演芸のステイタスは、依然上がりつつある。

人間国宝の人数こそまだ少ないが、芸能そして時代の大きな流れに着目すれば、古典芸能としての格を保ちつつ、大衆芸能のしたたかさを失わない落語話芸の光る時代が近づいているようだ。

新たな落語の時代到来である。

■落語界の人間国宝（括弧内は認定された年）

柳家小さん（1995）

桂米朝（1996）

柳家小三治（2014）
いずれも撮影は横井洋司。

落語のこれから

【いま、落語人気の秘密】

戦国時代に端を発した落語は、数百年の時を超えて生き残ってきた。

それにしても、多くの娯楽が身近に存在する現代において、なおも伝統芸能のひとつとして、根強い人気を保っているのはなぜだろうか。

かつて明治、大正、昭和の頃は、寄席演芸として「講談」や「浪花節」が隆盛だった時期がある。信長や秀吉、あるいは大石内蔵助などの英雄豪傑の立身出世譚を、張扇《はりせん》を叩く音につれて物語る「講談」や、哀切な三味線の音にのせて、親子の義理人情を描く「浪花節」である。しかしいずれも今は下火になっているといわざるを得ない。そうした成功譚やお涙頂戴の物語は、現代の自由な情報社会に生きる人々にとっては、どこか絵空事のように感じられ、受け入れ難くなってきたのかもしれない。

一方で、落語は何度かのブームを経ながら、今も人気を保っている。これまで想像もできなかったようなマーケットが拡がり、例えば大勢の二〇～三〇代の女性が一人で寄席へやってきて、客席を埋める光景も珍しくない。弟子入りする若者も後を絶たない。

なぜ今、落語が好まれるのか。それは、一言で言えば、落語が人間性の本質を描いているからだと思われる。かつて、東の風雲児、立川談志は「落語とは人間の業《ごう》の肯定である」と説いた。一方、上方の奇才、桂枝雀は「笑いとは緊張の緩和である」と喝破した。何れにしても、人間の心の奥深いところを、正面切ってではなく斜めから、笑いに包み込むような形で描くのが落語の真骨頂である。現実社会で得難くなっている、人間性に根ざした上質な笑いを、人々が寄席に求めているのではないだろうか。

【落語は生き残れるか】

何百年もの長い年月、聴客の肥えた目と耳に晒されてきた落語は、おそらくなおしばらくは大衆芸能としてしっかり生き残っていくと思われるが、それにはいくつかの条件がある。

落語という話芸は、「面白い噺」、「上手な噺家」、「聞き巧者な客」の三拍子揃って初めて成り立つ。この三つの要素のうち噺と噺家のふたつについては、当面まずまずは心配なさそうだが、もっとも動向が読めないのが聞き手、即ち客だ。ブームの盛衰に動じない客が常にある程度の規模の数でいてくれるかどうか、落語の将来はこの一点にかかっていると言えるのではないだろうか。

【古典の継承と新作の活況】

いま演じられている噺のうち、古典落語と言われる数百の演目は、何百年もかけて磨かれてきたもので、世の変遷につれて理解されにくくなった噺も少なくない。が、心ある噺家によって、細かい修復を加えられながら存続しているものも多い。一旦は消えたと思われながら、見事復活をとげたものもある。単にお笑いだけでなく、『芝浜』『文七元結』『子は鎹《かすがい》』『藪入り』など、思わずホロリとさせるような人情味溢れる演目が人気を得ている。古典落語は健在だ。

一方で新作落語も隆盛だといってよいだろう。従来は長屋をアパートに、着物を洋服にかえただけで、中身は古典のパターンが多かったが、近来の新作は、全く発想が異なって、常識とはかけはなれた展開で笑いを取るものが多い。

また、以前は自作自演、作った当人が演じるだけがほとんどだったが、最近では作り手を離れて別の噺家が演じることも多い。一見すると荒唐無稽な話でも、高座で様々な噺家が繰り返し演じるような噺はさすがにしっかり練られている。

このように噺そのものは、日々、高座で磨かれ続けている点で、圧倒的な強さがある。今後も古典・新作入り乱れながら生き残っていくだろう。

【噺家の頭数は史上空前?】

戦後すぐの頃、東京では戦火を免れて高座に残った落語家は数十人、上方はもう絶滅寸前とも言われ、まさに風前の灯火であった。それが今や落語家は東西合わせると七〇〇〜八〇〇人、頭数だけから見れば、空前のと言ってもいい規模である。落語界への入門者も後を絶たず、さらに増えている。昔は前座、二つ目で「これはどうも聞くに堪えないねえ」という落語家もいたそうだが、今は大学オチケン出身者なども増え、人材不足の心配は無用だろうと思われる。

一方で、落語家を職業としてみると、最高ランクの噺家は大変な稼ぎだが、それはほんの一握りであって、大体は食べて行けるかどうかのギリギリの線でやっている。寄席への出演は、寄席と所属協会が交渉して決めるのだが、そもそもの定席の数自体が限られている。力を付けて本人の看板が大きくなればホール落語にも出られるが、皆が皆そう上手くはいかない。では、どうやってしのいでいるのか。落語家が自ら町へ出て営業し、小規模会場を開拓してまわっている。現在のカフェ落語やそば屋落語流行りは、彼らの開拓努力の結果であろう。

噺の演目と、噺家の頭数はまず安泰。あとはしっかりこれをバックアップする会場と客の問題になる。

【落語と新メディア】

よい噺が継承され、よい噺家が育つには、いい聞き手の存在が不可欠だ。しかし、これが一番先行きが読めない。聴き手即ち客は､極めて移り気なもので､ブームと言われている間は、せっせと寄席にホールにカフェに足を運んでくれるが、急に冷え込むこともある。別の何かが流行ればサーッとそちらへ流れていってしまう。たとえばスマートフォンやSNSなどに夢中になる若年層などは、最も心配される層である。

さて、どうすれば客を捉えて離さずにいられるか。

歴史的に見て、新しいメディアが登場する度にブームの波がやってきた。例えば明治時代には、日本語の速記術が誕生、落語が寄席の高座で話されるままの口語体で文字に起こされ、書物になり、新聞の連載になった。従来には考えられなかった新スタイルで、おかげで落語がぐっと身近になり、速記術の普及にも一役買った。

明治末には、レコード（SP）による音声の記録が可能になる。更に大正末には、ラジオというマス・メディアが登場、落語も電波に乗って津々浦々にまで届くようになり、聴衆の層を増やした。とりわけ戦後は、民放ラジオが発足、競って落語番組を流し、ブームを招来した。

また昭和三〇～四〇年代にTVが家庭に普及する過程では、一瞬で面白さを表現できるTV受けする芸人が一挙に人気をさらい、演芸界の勢力図をも一変させるほどだった。そして今は、CDやDVDの売れ行きが好調だ。レコードやテープなどに録音してあった昔の名人たちの噺を、CDに復刻して販売するなどしている。

このように、本来は高座で演じられたその瞬間に消えてしまう運命の落語、いわば一期一会の芸が、電子記録によって時とところを構わず、反復鑑賞ができるという世の中、寄席や落語会にわざわざ足を運ぶ客をどうつなぎとめるか。それがこれからの課題だろう。

【落語界の一〇年後は如何に?】

一〇年後の落語界は、落語家の興行団体である協会も、落語家が芸を磨く道場である寄席も、今までどおりでは行かなくなっているのではないだろうか。

協会について現状を見ると、東京では落語協会、落語芸術協会、円楽一門会、落語立川流、上方で上方落語協会が主なところ。一九七八年に起きた落語協会の分裂騒動のような、大きな波乱はないかもしれないが、個々の噺家の活動が盛んになって、協会としてのしばりがもっとゆるやかな体制になっていくのではなかろうか。

一年中毎日休みなく興行している、いわゆる定席《じょうせき》の寄席は、現在東京で、上野鈴本演芸場、新宿末廣亭、浅草演芸ホール、池袋演芸場の四軒と、大阪の天満天神繁昌亭。これらと異なる経営・興行の形態を取るものに、国立演芸場、お江戸広小路亭、お江戸日本橋亭、横浜にぎわい座などがある訳だが、いちばん核となる東京の定席寄席四軒は、いずれも企業活動だから、経営状況によっては、いつ何時どういうことになるか判らない。

落語を演じる場として、収容人数一〇〇〜三〇〇程度のこれらの寄席の形は最適と言えるし、落語家にとって必須の道場であり、客にとっては得難いやすらぎの場所である。少しでも長く生き延びてほしい。

寄席の出番には限りがある。出られないときのやり繰りの一つとして、ホールやカフェなどを出演場所と捉えて落語家自ら営業して開拓している。考えてみれば、これは昔の「座敷噺」スタイルに当たり、いわば出張落語だ。こうした場は、特に若い落語家のための練習場として貴重な役割を担っている。

落語は噺家と聞き手の相互作用で出来上がっている。客が聞きに来てくれるかどうか、高座と客席で良い相乗効果を生み出せるかどうか、この一点に落語の将来が委ねられている。

第4章

落語基礎用語辞典

落語400年の歴史のなかで培われてきた噺、モノ、コト。
知っていると、もっと落語が面白くなること請け合いの
基礎用語をピックアップ。

文：野乃川あいこ

落語基礎用語辞典

あ

【家元《いえもと》】

茶道や歌舞伎、その他の日本の伝統文化芸能を家の芸として継承している家系およびその継承者のことを、家元という。噺家の世界では通常使わない言葉であるが、立川談志が自らを「家元」と名乗った。現在の落語界で「家元」と言えば、立川談志を指す。

【移籍《いせき》】

噺家が、元々の師匠の属する団体、または師匠から離れ、別の団体の師匠の元に弟子入りすること。近年では、二〇一五年一月に、立川流の立川談幸が弟子ふたりと共に立川流を脱退、落語芸術協会入りしている。

【一番太鼓《いちばんだいこ》】

寄席で叩く太鼓のうち、開始前に前座が寄席の入り口などで寄席開場を知らせるために叩くもの。最初は太鼓の縁をからからと叩いて木戸の開く音を表し、そして「どんどんどんとこい」という思いをこめて叩く。最後に太鼓の表面で長撥を「入」の形にして「大入り」を願う。

【一門《いちもん》】

同じ師匠の弟子、そのまた弟子の総称。通常、弟子入りして二つ目にあがると、名字に当たる「亭号」が師匠と同じになるのが一般的だ。「柳家」、「三遊亭」、「古今亭」など。しかし一門だからといって必ずしも亭号が同じとは限らない。

【一束《いっそく》】

商売人の使う符牒。噺の中では数の「一〇〇」を現す。

【色物《いろもの》】

江戸と大阪では異なる。江戸の寄席では噺家は黒字で出演の名札を描き、漫才や太神楽、手品などは赤色で描くことから、落語以外を演じる芸人、あるいは演目を色物という。ただし、講談は色物扱いしない。関西では漫才が主であるので、落語のほうが色物である。

【後《うし》ろ幕《まく》】

噺家が真打昇進披露興行を行うとき、高座の後ろにかける幕のこと。ご贔屓筋からの贈呈が主である。柄は縁起物が多い。

【江戸落語《えどらくご》】

江戸時代に始まった古典落語のうち、現在東京を中心として上演される演目を江戸落語（東京落語）という。江戸落語の演目は上方落語から江戸に移されたものも多いが、江戸・東京ならではの噺も加わっている。江戸では出囃子以外に落語に鳴りものを使うことは少ない。また、身につける帯の幅は上方より細いなどの違いがある。

【演芸場《えんげいじょう》】

落語や漫才などの話芸を主として興行する劇場（小屋）のこと。基本的に年中無休である。東京は鈴本演芸場、浅草演芸ホール、新宿末廣亭、池袋演芸場、国立演芸場。大阪は天満天神繁盛亭。名古屋は大須演芸場。以上が主だった演芸場だ。

【演目《えんもく》】

落語における噺のタイトルのこと。さまざまな分類法があるが、大ねた、中ねた、前座話といった、噺の重さによるものや、人情話、怪談話、武家もの、与太郎噺、滑稽噺など、噺の内容による分け方がある。

【円楽一門会《えんらくいちもんかい》】

五代目の三遊亭圓楽及びその弟子による落語家の団体である。一九八〇年二月に五代目三遊亭圓生が「落語三遊会」を設立し、弟子であった五代目圓楽もそれに加わったが、圓生の死去により解散。五代目圓楽は「大日本落語すみれ会」を設立、変遷の後、一九九〇年から「円楽一門会」となる。定席の寄席への出演はない。

一番太鼓　寄席の開演前に打ち鳴らされるのが一番太鼓。一番太鼓のの最後はバチを「入」の形にして客の大入りを願う。撮影協力：上野鈴本演芸場。

【追《お》い出《だ》し】

寄席で打つ太鼓のうち、終演後に客を送るために叩くもの。ハネ太鼓ともいう。

【オチ】

落語の噺の結末部分の文句で「サゲ」ともいい、噺全体を締める重要な部分とされる。オチが駄洒落になっている「地口《じぐち》オチ」、仕草で見せる「仕草オチ」の他、噺が終わった後にいくらかたってはたと膝を打つような「考えオチ」、唐突にも感じる最後の台詞で噺を落とす「とたんオチ」などさまざまである。

【お囃子《はやし》】

寄席において、噺家の出囃子や色物のバックで演奏したりする芸、あるいはその演者をさす。お囃子さんはプロの芸人で、あらゆる噺家の出囃子を覚えて弾くばかりか、色物のときは唄入りでバックの演奏をする。太鼓は主として、前座が受け持つ。

か

【改名《かいめい》】

噺家が名前を変えることだが、主に前座、二つ目、真打と昇進するときに行うことが通例である。しかしまれに、名前を継承するため、それ以外での改名もある。名跡《みょうせき》といって、伝統や、格式のある大きな名前を襲名するときがそれである。

【顔見世興行《かおみせこうぎょう》】

二つ目から真打に昇進するときに行う、祝いの披露興行。協会幹部が列席して口上があり、新真打がトリをとる。東京の場合、落語協会所属の噺家は、鈴本演芸場、浅草演芸ホール、新宿末廣亭、池袋演芸場、国立演芸場で行う。落語芸術協会の噺家も鈴本演芸場を除く、四つの会場で行う。二〇一六年は東京、上方の新真打が名古屋の大須演芸場でも顔見世興行を行う。

【貸席《かしせき》】

寄席などの演芸場が、噺家や寄席芸人以外にも、会場を貸し出すこと。定席の寄席は普通は貸席はしないが、お江戸日本橋亭、神田連雀亭、らくごカフェなどは、元々落語会用のしつらえで、貸席を行っている。二〇一五年に新装開場した大須演芸場も貸席を行っている。

【上座《かみざ》】

客席から見て、舞台の右手の方、上手と同じ。歌舞伎などの舞台設定では、左手が玄関、右手が奥座敷になる。従って、舞台上では、上座である右の方に立場が上の人が位置する。

【上席《かみせき》】

寄席の興行は、一日〜十日、十一日〜二十日、二十一日〜三十日と、十日ずつ行われ、出演者が入れ替わる。最初の一日から十日の興行を上席という。正月興行の場合は特別に「初席」と呼ぶ。

【上手《かみて》】

客席から見て、舞台の右手の方を上手という。上座に同じ。噺家がどちらから登場するかは、特に決まっていない。高座の上では、部屋にたとえると下手が玄関、上手が奥座敷となるので、大家と店子では、大家が上手にいるという設定で大家は下手方向を見て語る。寄席に限らず、歌舞伎や現代劇の舞台でも使う用語。

【上方落語《かみがたらくご》】

上方落語は大坂・京都に端を発する。職業噺家につながるものとしては、江戸の中期に京都や大坂で、道端に舞台を作って通行人相手に自作の噺を披露したのが始まりと言われる。京・大坂の落語を上方落語と呼ぶようになったのは、昭和の初期以降である。漫才に押されて衰退した時期もあったが、メディアを巧みに活用して盛り返し、天満天神繁盛亭という定席の小屋まで設立するにいたった。

【上方落語協会《かみがたらくごきょうかい》】

関西圏の落語家たちが組織する団体。創立は一九五七年四月一日。二〇〇四年八月二五日、社団法人化して公益法人上方落語協会に。会長は六代桂文枝。事業は上方落語の普及、上方落語鑑賞会の推進ほか。二〇〇三年に会長に就任した桂三枝（後の六代桂文枝）の骨折りもあり、二〇〇六年九月十五日には、念願の定席の寄席、天満天神繁盛亭が誕生している。

【木戸《きど》】

寄席、落語会での出入り口を「木戸」という。入場料は「木戸銭」と呼ぶ。

【休席《きゅうせき》】

芸人が体調不良などで、寄席を休むこと。あるいは、天候不順などで落語会が中止になることをいう。

【下座《げざ》】

本来、歌舞伎などでは、客席から見て舞台左手の黒御簾内で演奏する音楽のことを指す。落語ではお囃子、あるいはお囃子を演奏する芸人のことをいう。舞台の下手である下座で演奏することが多かったことに由来する。場所を指すときは、下座は「しもざ」と発音する。

【下足番《げそくばん》】

かつては、寄席は畳敷きで、混雑時には履物の管理をする下足番がいた。近年は椅子席で、楽にはなったが、客同士のコミュニケーションが薄れた。

【高座《こうざ》】

噺家が噺をする場所。客席より高くなっているのでこう呼ぶ。座布団が置かれる。座布団は縫い目のない部分を客席に向ける。ご縁が切れませんようにという思い入れである。

【高座返し《こうざがえ》】

出演する噺家が入れ替わる際に、高座にある座布団を裏返しにすること。客席には、縫い目のない方を向ける。ひっくり返すときは、客席に向かって座布団の左右の端を、腕を交差して持ち、回転させるなどの作法がある。

【香盤《こうばん》】

歌舞伎や演劇では出演者の順番や全体の進行を記した表を指すが、落語では落語家の序列を指すことが多い。

【古典落語《こてんらくご》】

落語の演目のうち、江戸時代から明治・大正までに作られたものを古典落語という。それに対比するのが新作落語、創作落語である。しかし、昭和初期の作品でも『試し酒』など、演じる者も多く「古典」とみなしていいものもある。

【五厘《ごりん》】

一種の斡旋業者。寄席と芸人を仲立ちし、日時の振り当てなど行い、働き賃として、五厘もらったことに由来する。

さ

【サゲ】

落語は本題の噺に入る前の「マクラ」「本題」そして、「サゲ」或いは「落ち」で終わる。元来、「落ち」は笑いを伴う締めくくりで、「落ち」ない結末も含め、「サゲ」という解釈もある。昔のお客には理解できた「落ち」が今の客にはわからない時代となり、落語が必ずしも落とし噺でなった今、広義の「サゲ」の方が締めくくりの呼び名としては、現実的かもしれない。

【自主興行《じしゅこうぎょう》】

通常の興行は寄席であれホールであれ、主催者がいて、そこに芸人が招聘されて芸を行う。しかし、芸人自身が主催者となって、興行を打つこともある。二つ目などの若手は、一般の寄席の出番は極端に少なく、真打ほど知名度がない場合が大半なので、経験をつむためにも、高座の数を増やす必要があり、自主興行を行う。

【下座《しもざ》】

下手《しもて》ともいう。客席から舞台を見て、左手が下座、右手が上座である。下座が玄関などで、上座が床の間などある奥の間。目上の人は上座にいるという前提なので、目上の人を表すときは、噺家の顔は、客席から見て左に向く。逆に目下のものは、下座である客席から見て左手にいるので、目下のものを表すとき、噺家は上座を向いて話す。

【下席《しもせき》】

寄席の興行は、月を十日ずつにに分け、上席、中席、下席と呼ぶ。下席は、二十一日から三十日までの十日間。寄席によっては、下席を通常興行ではなく、日替わりの特別興行を行っているところもある。

【下手《しもて》】

客席からみて、舞台の左手をさす。下座《しもざ》ともいう。落語に限らず、歌舞伎などの伝統芸能、現代劇の場合も使う。落語の場合、一人で演じるので、登場人物の身分差を表すために、大家さんと話す店子《たなこ》の熊さんを表現するときは、下手にいるという設定で、客席から見ると、右手である上手の方を向いて話す。

【襲名《しゅうめい》】

噺家が過去にある名跡を継ぐ、あるいは新しい名前に改名することをいう。

【襲名披露《しゅうめいひろう》】

噺家が名跡を継ぐ際に、披露すること。披露興行や襲名披露宴がある。真打昇進と同時にやることが多いが、真打になってから名跡を継ぐときも襲名披露が行われる。

【主任《しゅにん》】

寄席で一番最後に出演する噺家のことをいう。寄席興行は、十日単位で上席、中関、下席と一月三興行だが、主任になれば、十日間主任＝トりを務める。新作を演じる者は別だが、自分より前にいたすべての出演者のやった演目と、噺自体がかぶらないのはもちろん、似た系列の噺は避けて演目を選ばなければいけない。それだけ、噺の数を持つのが主任の実力といえる。

【常打《じょうう》ち小屋《ごや》】

常に、落語会を中心とした演芸のみを興行している施設のこと。基本的に三六五日、年中無休である。東京では鈴本演芸場、浅草演芸ホール、新宿末廣亭、池袋演芸場。大阪には天満天神繁盛亭、名古屋には大須演芸場がある。

扇子　扇子は閉じれば箸や煙管になり、開けば恋文にも離縁状にもなる。©posztos / Shutterstock

【定席《じょうせき》】

毎月一日～十日、十一日～二十日、二十一日～三十日の単位で行う興行のこと。れぞれ上席、中席、下席という。池袋演芸場は下席では趣向をこらした落語会を開催していて、定席ではない。三一日がある月は、余一会といって、それぞれの寄席で、特別興行を行っている。

【真打《しんうち》】

東京の場合、噺家の身分は前座、二つ目、真打と昇進していくが、その一番上の位のこと。またはその身分の噺家。噺家になるには、まず弟子入りする師匠を決め、入門を許してもらわねばならない。最初は前座見習いで、寄席の楽屋にも入れない。やがて前座として寄席の下働きを経験し、二つ目となって、初めて亭号（噺家の名字のようなもの、柳家とか三遊亭とか）を名乗ることができる。上方には、前座、二つ目、真打と昇進する制度はない。

【新作落語《しんさくらくご》】

近年の噺家が自ら作った落語をいう。上方では創作落語という呼び方がある。新作のみ、あるいは古典のパロディ落語のみをやる噺家を新作落語家・噺家という。三遊亭圓朝も二十歳位からは自作の噺しかやっておらず、新作も噺によっては、古典落語になる可能性がある。

【前座《ぜんざ》】

寄席に出演可能な一番下の身分。着物は絹は駄目、羽織も着てはいけない。楽屋、舞台の下働きが主だが、高座では最初の座を務める。お囃子の補助、寄席の一番太鼓や追い出し太鼓も前座の役目。出来る者は笛も習得する。また前座には前座見習い（見習前座）、中堅前座、立前座があり、いちばんの古株の立前座はその日の演者の演目を記録したり、時間調整も行う。

【前座噺《ぜんざばなし》】

落語の演目は大ねた、中ねた、前座噺に分類することができる。前座噺は主に前座が高座で話す噺。マイクなしで、声をまず出すことが主であり基本の噺といえる。

【前座見習《ぜんざみなら》い】

師匠に弟子入りはかなったが、まだ寄席の楽屋には入れない身分。師匠の身の回りの世話や噺家としての心得を学ぶ時期。かつては師匠の家に住み込みもあったが、近年はほとんど通い。楽屋に入らないので、着物も普通は着ない。

【扇子《せんす》】

噺家が高座で使う小道具のひとつ。手拭と扇子のみでさまざまな所作を表す。キセルになったり、船の櫓《やぐら》、天秤棒、駕籠《かご》を担ぐときの棒、そばをすするときの箸などなど。


【粗忽噺《そこつばなし》】

粗忽とは軽卒で、そそっかしいこと。そうした粗忽な人物の滑稽な言動や、有り得ないような勘違いで笑わせる噺。『粗忽の使者』『粗忽長屋』などがある。


【そば屋寄席《やよせ》】

落語会は常設の寄席やホールだけでなく、飲食店などでも開催され、そば屋での寄席はいかにもぴったりの環境といえる。二階に座敷のあるような大きなそば屋での落語会もあれば、テーブルを高座にする小規模の寄席もある。

た

【大名噺《だいみょうばなし》】

大名が登場する噺。『目黒のさんま』『粗忽の使者』『三味線栗毛』『杯の殿様』『妾馬』など。


【立川流《たてかわりゅう》】

立川談志が創設した落語の一門会。落語協会の分裂騒動のあと、一九八三年の落語協会真打昇進試験で、談志の弟子二人が不合格になった。一方力量不足と思われた林家三平の弟子が合格した。これに異議を唱え、立川談志は弟子らとともに落語協会を脱会し、立川流落語会を創設した。家元制度を敷き、自ら家元となった。上納金制度など、独自の組織作りで会を運営。二〇一一年の談志の死後、志の輔らの売れっ子たちは独演会中心の活動にはいり、他のものは貸席を定席として立川流の一門会を開いている。


【旅噺《たびばなし》】

旅をあつかった噺。遠出ばかりでなく、長屋や江戸のお屋敷から離れて、思いもかけない場所へと向かうのもまた旅噺。江戸市中を長々と歩く『黄金餅』ほか『大山詣り』『宿屋の仇討ち』『鰍沢』『三人旅』『兵庫船』『近江八景』など。


【だれ場《ば》】

落語のストーリーの中で、面白みのない台詞が続くシーン、どうしても噺の進行上、話さなくてはならない、うまみのない場面のこと。


【地域寄席《ちいきよせ》】

落語会は定席の寄席や、ホール寄席に限らず、いわゆる地域寄席というものが全国各地で開催されている。大体は、落語好きの有志が主催している。お寺や神社、そば屋、レストラン、バー、学校などなど。近年、落語に興味を持つ人も増え、新たな開催場所が増えている。


【提灯《ちょうちん》】

江戸時代に一般化した照明器具。竹ひごなどに紙を貼り円筒状にし、蠟燭を中に入れて灯した。今の懐中電灯のように使った。寄席では入口近辺に主な出演者を知らせるために掲げられた。提灯に書かれた提灯文字と歌舞伎の看板などに使われた勘亭流の書体から寄席文字の元が発案されたという。


【つ離《ばな》れ】

一つ、二つと数えていくと、九つまでは、「つ」がつくが、「十」から「つ」がつかなくなる。そこから、十以上の数をいう。落語の世界では客が十人以上入ることをいう。寄席では前座など香盤が下の者の出番のときは客が少なく、十名いれば、格好がつくとされる。


【亭号《ていごう》】

落語家の場合、二つ目以上の噺家の名前のうち、名字にあたる部分。「三遊亭」「桂」「柳家」「笑福亭」「古今亭」などがそうである。江戸時代の戯作・浄瑠璃作家であり「落語中興の祖」と言われる、烏亭焉馬《うていえんば》が亭号を使ったのが始まりとされている。

【弟《で》子《し》入《い》り】

落語家になるには、まず師匠を見つけて師匠に弟子にとってもらう必要がある。つまり、弟子入りがかなって、初めて噺家への道が開けるのだ。これぞという師匠を決めたら、自宅や寄席に日参して、じかに頼み込む。プロの落語家への第一歩は、弟子入りである。弟子入りせず、フリーの落語家として活動するケースもある。

【手拭《てぬぐ》い】

噺家が高座で使う小道具のひとつ。噺家は扇子と手拭のみを使い、様々な所作を表現する。手拭は丸めれば棒になり、折りたたみの札入れにもなれば、小銭入れにもなる。二つ目になれば手拭を作ることが許される。趣向を凝らし、節目には名刺代わりに配ったりする。

【出囃子《でばやし》】

噺家が袖から出て高座に上がって、お辞儀をするまでにかかる曲。三味線はお囃子と呼ばれる、噺家の出囃子を専門に演奏するプロの女性が弾く。太鼓は前座の受け持ち。笛も前座に吹けるものがいれば演奏する。

【天狗連《てんぐれん》】

アマチュアの芸人の集団。そのうち落語の天狗連は活発で、江戸時代からあり、現在では選手権もある。基本はあくまで趣味だが、なかには、好きが高じて職業として噺家の道に進んだものも多い。五代目古今亭志ん生も「天狗連」の出身である。

【途端《とたん》オチ】

噺のサゲ（オチ）にはいろんなタイプがある。途端オチは「最後に落ちる途端」に、噺全体の流れがオチの言葉でうまく集約されるもの。『愛宕山』『百年目』『三年目』などがある。

【止《と》め名《な》】

落語の世界での「止め名」とは一門に限らず、同じ亭号（噺家の名字にあたる部分）の中で、最高位と見なされる名跡をいう。「止め名」を襲名すれば、もうそれ以上の他の名を襲名することはない（隠居名は別）。江戸落語では三遊亭圓生、古今亭志ん生、林家正蔵、柳家小さん、上方落語では桂文枝、林家染丸などがある。

【トリ】

寄席で一番最後に演じられるのは、通常「落語」であり、それを務めるものを主任＝トリという。トリになれるのは基本的に真打の落語家で、寄席の看板でもその名はひと際目立つように大文字で記される。大看板と言われる由縁だ。かつて、興行師と出演者が上がりを分配する際、芸人の分は一旦トリが総て受け取り（トリ）、分配したので、この名がついたとも言われる。

【どろぼう噺《ばなし》】

泥棒が登場する噺。人の物を盗む、取り込む、ということから、お客の心を取り込むにかけて、どろぼう噺は演者にとって縁起がいいものとされる。落語に登場する泥棒は得てして、間抜けな者が多い。『転宅』『夏泥』『出来心』『締め込み』などがある。

な

【仲入《なかい》り】

中入りとも書く。寄席あるいは落語会での、間の休憩のこと。通常、出演者の七部目あたりに設ける。興行全体が、四時間前後に及ぶことが多いので、仲入りは十分間から十五分間あり、客はトイレに行ったり、弁当を食べたりする。仲入り後の最初の高座は、客がまだ何か食べていることが多いため「食いつき」という。

【中席《なかせき》】

定席の寄席興行は、一月を十日ずつ、三興行行う。そのうち十一日から二十日の興行を中席あるいは二之席と呼ぶ。

【長屋噺《ながやばなし》】

長屋が舞台になった庶民的な噺。熊さん、八つぁん、与太郎、ご隠居などおなじみの人物が登場。落語の分類もいろいろあるが、おそらく一番多いのがこの長屋噺といえる。『粗忽長屋』『長屋の花見』『おばけ長屋』『大工調べ』『らくだ』『三方一両損』などなど。

【二之席《にのせき》】

正月興行の十一日~二十日の興行のこと。寄席の興行は十日間区切りで、月初めから上席、中席、下席と呼ぶが、一月だけは初席、二之席、下席という。

【二番太鼓《にばんだいこ》】

寄席の開場の合図が一番太鼓で、芸人がスタンバイしていて、開演前を知らせるのが二番太鼓。笛が入り「お多福来い来い」と囃す。

【入門《にゅうもん》】

噺家（芸人）志望者が師匠に許されて、師匠の門下に入る事。最初は前座見習いで、雑事をこなしながら、一門のしきたりなど覚える。入門したてでは、まだ寄席の楽屋に入ることはできない。数年の修行を経て前座となり、羽織なしの綿または化繊の着物を着て、楽屋に入ることが許される。

【人情噺《にんじょうばなし》】

親子や夫婦の情愛など、人情を描いた噺。どちらかというと、じっくり聞かせる噺で長いものが多い。とはいえ、落語であるから笑いどころは随所にみられる。代表的なものに『文七元結』『芝浜』『子別れ』などがある。

【抜く《ぬ》】

噺家が「抜く」と言えば、昇進において先輩を抜くことだが、これは二つ目から真打に昇進するときに限って起こる。いわゆる抜擢といわれるものだ。近年では、柳家花緑が二二歳で三一人抜きで真打昇進。春風亭一之輔が二一人抜きで、古今亭文菊が二八人抜きで真打に昇進した。

【ネタ】

噺の題目のこと、あるいは噺そのもの。

【ネタおろし】

初めて人前でかける噺のこと、あるいはその行為。

【ネタ帳《ちょう》】

寄席で噺の題目を記録した帳面。前座が記したネタ帳を見て当日すでに高座にかかった噺とかぶらない噺を演じる。継続している落語会でもネタ帳をつける。少なくとも一年以内には同じ噺はもとより、内容がかぶる噺は避ける。

【幟《のぼり》】

寄席の入り口付近に立てられる噺家の名入り旗のこと。真打昇進の際に、贔屓から贈られることが多い。寄席の興行で主任（トリ）をとると、その噺家の幟が木戸に立てられる。

は

【化ける《ば》】

芸人がそれまでの精進あって、急に輝きを増し上手くなったり、魅力が増し、噺家としての器が大きくなったと感じさせる状況をいう。

【端席《はせき》】

場末の二流の寄席、或は規模の小さい寄席、落語会のこと。東京では大正中期頃まで寄席は、町内に一軒はあるという身近なものだったが、ほとんどが今でいう端席の規模でしかなかった。

【初席《はつせき》】

寄席の興行は、十日単位で上席、中席、下席と一カ月に三興行われるが、一月の上席を年の初めであることから、初席とよぶ。

【抜擢《ばってき》】

噺家が二つ目から真打に昇進するとき、他の二つ目を抜いて先に真打になること。

【噺家《はなしか》】

噺を生業《なりわい》とするもの。落語家ともいう。噺家である師匠につき、入門を許されたもので、趣味で落語をやる者は噺家とはいわない。

【ハネる】

寄席、落語会などが終演すること。

【膝代《ひざがわ》り】

寄席の最後は「トリ」だが、その前に出演するものを「膝代わり」あるいは、「ヒザ」という。ここでの演目は色物である。膝代わりに出るのは色物にとって名誉なこととされる。ちなみに、膝代わりの前の出演もしくは出演の噺家を「ヒザ前」と言う。

【二つ目《め》】

噺家の身分として、前座見習い、前座、二つ目、真打とあるが、最終段階である真打の手前。真打同様、羽織を着ることが許され、亭号が付いく。外見は真打と同じだが、独立した身分ではなく、弟子をとることはできない。また、師匠と呼ばれない。通常の寄席に出演できるのは、その日の興行で基本ひとりだけ。二つ目から真打までおよそ十年から十五年かかる。

【ぶっつけオチ】

落語の最後の終わり方をオチといい、ぶっつけオチは、聞き違いや見当違いなどの勘違いによる、意味の取り違えで終わる。

【フラ】

高座に上がるだけでどこともいえないおかしさが漂い、ふっと笑いたくなるような雰囲気。上手下手は関係なく、稽古で身に付くものでもない。「フラがある」はそのままでは名人ではないものの噺家に対する褒め言葉だ。

【ホール落語《らくご》】

寄席もホール（劇場）ではあるが、通常は落語会以外の公演も行っているホールで開催される落語をホール落語という。噺家は基本的に客に対して高い位置にある高座に座る。そこで、目線の配り方も決まってくる。ホール落語では、客が噺家を見下ろす位置にいることも多く、噺家はその対応も迫られるといえる。

【本席《ほんせき》】

真打でも、幹部クラスや大真打が出演する、規模が大きい寄席の興行をさす。

ま

【まくら】

寄席の噺で、本題に入る前に噺家が語る導入部分。本題と全く関係ないこともあれば、関連づけて本題に入ることもある。

【名跡《みょうせき》】

名跡とは落語の家制度において、代々継承される個人名。同じ亭号の中で最高位の名跡を「止め名」という。

【めくり】

舞台に置いてある、噺家の名前を書いた紙。通常めくり台に取り付けてあり、出演噺家の交代にあわせて前座が紙をめくる。

寄席　新宿末廣亭。東京・新宿区の新宿三丁目にある歓楽街のまっただ中の寄席。アルコール類を除く飲食は自由。

【もぎり】

寄席などの受付で、客が入場するとき差し出すチケットの半券を「もぎる」こと。また、その係の人を「もぎり」と呼ぶ。

【門下《もんか》】

ある一門に所属していること、またその噺家自身を指す。

や

【屋号《やごう》】

一門や一族の特徴を鑑みて、その家につけられる称号。落語の世界では、屋号という言葉は使わず、亭号という。亭号は二つ目以上の噺家の名前のうち、名字にあたる部分をさす。しかし、同じ一門でも必ずしも全員同じ亭号を名乗っているわけではない。

【寄席《よせ》】

明治・大正期までは江戸・東京には、落語に限らず講談や義太夫、浪曲などが演じられる常設の寄席が存在した。寄席は町内に一軒はあり、近所の娯楽場であり社交場であった。しかし映画の登場、交通網の発達などで娯楽の状況は一変し、寄席は淘汰されて行った。今や、落語をかける常設の寄席は、大都市でも規模の大きい小屋に限られる。

【寄席文字《よせもじ》】

寄席の高座のめくりや寄席の看板に用いられる文字で、肉太の独特の書体である。太平洋戦争の後、噺家を廃業した橘右近は、寛政年間に寄席ビラ（宣伝ポスターやチラシ）のために考案されたビラ字を専門に書くようになった。八代目桂文楽の勧めで「橘流」を創始した右近は、ビラ字を基礎にした寄席文字を完成させ、その家元になった。橘流の寄席文字は、弟子の橘左近らに継承されている。

【与太《よた》】

落語に出てくる与太郎を詰めたいい方。一方、与太者という言葉からの連想もあり、こちらは与太郎より質が悪いイメージを持つ。

【与太郎噺《よたろうばなし》】

与太郎が登場する噺。長屋噺が多いが、長屋噺から切り離して与太郎噺としてくる場合がある。生来、ぼーっとしてとんちんかんでおかしなことをやらかすが、長屋の住民たちはいたって寛容に接する。『孝行糖』『牛ほめ』『唖の釣り』『大工調べ』など多数ある。

ら　わ

【落語《らくご》会《かい》】

落語を聞く会ではあるが、常設の小屋でやる定席の落語会の他、ホールでやる落語や居酒屋、喫茶店、レストラン、そば屋など、あらゆるところが落語会開催の場となっている。

【落語《らくご》協会《きょうかい》】

一般社団法人。創立は一九二三年、設立は一九七七年。会長は四代目柳亭市馬（二〇一四年就任）。古典落語の継承及び研究発表会、鑑賞会の開催、後進の育成などを業務としている。噺家（真打、二つ目、前座）だけでも三〇〇名前後、色物や講談を含めると三五〇名に及ぶ大所帯だ。所属芸人は東京の常設の寄席のすべてに出演している。落語界最大手の法人。

【落語《らくご》芸術《げいじゅつ》協会《きょうかい》】

公益社団法人。一九三〇年、日本芸術協会として誕生、一九七七年に社団法人の認可を受け落語芸術協会と改名、二〇一一年に公益社団法人落語芸術協会と改称した。会長は、二〇〇四年より桂歌丸。所属芸人は二〇〇名を超える。

【落語《らくご》ブーム】

かつて何度かの落語ブームがあった。平成になってからのブームは、二〇〇五年にTBSが放映した『タイガー&ドラゴン』（宮藤官九郎脚本）が火付け役になった。毎回落語の演目をテーマにしたドラマで、主演はTOKIOの長瀬智也とV6の岡田准一。二〇〇七年一〇月からはNHKの連続テレビ小説で『ちりとてちん』が放映された。ヒロインが落語家を目指す内容で女性が大勢入門した。さらに二〇一五年末にTBSが立川談春の半生記『赤めだか』を原作にしたドラマを放映、翌年一月にはTBSのアニメ『昭和元禄落語心中』が放映されたほか、松竹による映画『の・ようなもの　のようなもの』上映などがあった。近年、入門を希望する若者が増え、寄席に足を運ぶ客も着実に増えている。

【落語《らくご》まつり】

流派や所属団体を超えての落語まつりと、落語家の団体がファン感謝祭的な意味合いで行っているものがある。前者の例の一つが二〇〇四年から二〇〇八年まで、銀座界隈で催された大銀座落語祭。主催は六人の会（春風亭小朝、笑福亭鶴瓶、立川志の輔、林家正蔵、春風亭昇太、柳家花緑）。博多・天神落語まつりは、三遊亭圓楽の企画で始まった。一方、団体が主催するものでは落語協会が湯島天神で開催する謝楽祭がある。落語芸術協会の芸協らくごまつりは二〇〇七年から始まった。

【楽日《らくび》】

興行の最終日、千秋楽ともいう。

【流派《りゅうは》】

落語家の系図を大まかに分けると、江戸落語は三遊亭派（古今亭、金原亭、橘家）と柳家派（柳家、林家、春風亭など）。上方落語は桂派と笑福亭派に分かれる。しかし現在の活動状況は、東京は落語協会、落語芸術協会、立川流、五代目圓楽一門の四つの派、関西は一括りといっていいのではないかと思われる。

【割《わり》】

寄席から得る噺家の収入。割りは東京のみ存在する。「演者ごとの格付け（銭単位の者も）×入場者数＝割」となる。真打でもよほど人が呼べるようにならないと大きな収入を得ることは難しい。寄席は収入の場ではなく、修行の場といえる。やった仕事のわりに実入りが少ないのを「割に合わない」というのは、ここからきている。

第5章

名作落語あらすじ選

落語の演目は1000を超えるともいわれている。
滑稽噺や人情噺、芝居噺に怪談噺。
いま高座で聴くことのできる古典落語を厳選。

文：澤入政芝（青菜～茶の湯）
川手優子（長短～藁人形）

名作落語あらすじ集

あ

青菜《あおな》

夏の暮れ時。さる屋敷での仕事を終えた植木屋に主人から供されたのは、暑気払いにうってつけの鯉の洗いと「なおし」の銘酒。さらに「青菜のひたし」を勧められたところで、奥の間から「その名も九郎判官」と主人の女房の声。聞けば客人に非礼を弄さぬために、女房が「その名（菜）も九郎（食ろう）判官（青菜は食べてしまった）」と洒落たのだとか。

「さすがお大尽」と感心しきりの植木屋。「うちでもやろう」と自分の女房を説き伏せて一芝居打ったものの……。

【豆知識】夏の高座に欠かせない演目で、身分違いの対比の妙も聞きどころ。「なおし」とは屠蘇にも用いる味醂と焼酎で作った高級酒。

あくび指南《しなん》

ある男のところに連れが訪ねてきて、「あくびの稽古屋」に付き合ってくれという。呆れ半分で付いていくと玄関先に「あくび指南」の文字が。聞けば「あくび」を雅な芸事にするところに趣があるのだという。舟遊びの客を演じながら「一日乗っていると退屈で……あ〜ぁ」などとあくびの稽古に励む連れと、それに事細かく注文をつける師範。見れば見るほど馬鹿馬鹿しい代物に、たまらず男は「退屈なのはこっちだぜ」と言いながら大あくび。すると……。

【豆知識】安永五年に上方で刊行された『立春噺大集』にある『あくびの寄合』を原話とする風刺噺。上方落語では『あくびの稽古』とも。

明烏《あけがらす》

「若旦那」といえば「放蕩息子」が世間の相場だが、春日屋の跡取り・時次郎は幸いにして真面目で誠実、親孝行。とはいえ、商家の主人たる者、世俗に疎いのもまた困りもの。そこで行く末を案じた両親は、近所の遊び人、源兵衛と太助に〝遊び指南〟を頼み込む。

さっそく時次郎を吉原の遊郭に連れ出した二人。お茶屋を「巫女の家だ」などとごまかしながら、何とか堅物の若旦那を部屋に押し込むと、時次郎はいつしか遊女の虜に。ところが帰る段になって……。

【豆知識】「廓噺」の傑作。演題は江戸時代に流行した情話『明烏夢泡雪』から。八代目桂文楽の十八番。

愛宕山《あたごやま》

京見物と洒落こんだ旦那のお供で、芸者連中と愛宕山に繰り出すことになった幇間の一八。中腹の茶屋にたどり着くと、旦那が願掛けの土器《かわらけ》投げをしようという。悉く的を外す一八を尻目に旦那の放った土器は次々と命中。すると何を思ったか、旦那が土器の代わりに小判を投げ始めた。一八は「もったいない」と嘆くも、「あれは拾った人のもんだよ」と旦那。「それなら話は別だ」と、一八は谷底で小判を拾い集めて命からがら旦那のもとへ。ところが……。

【豆知識】愛宕山は火伏せの神として知られる京都の山名。三代目桂米朝、三代目古今亭志ん朝の十八番。上方落語では「ハメモノ」が入る。

あたま山《やま》

「桜は好きだが、飲み食いの掛かりがもったいない」と、今年も世間を横目に桜を愛でる男一人。ふと目にしたサクランボを「もったいない」と種ごと腹に収めてしまったはいいが、しばら

明烏　一立斎広重作『東都名所　新吉原五丁町弥生花盛全図』。時次郎が連れてこられた吉原の風景。メインストリートの仲之町に桜が咲き誇っている。左下が大門。国立国会図書館蔵。

くすると種が腹の中で根を張り、ついには頭のてっぺんで満開の桜が咲き誇る見事な大木に姿を変えてしまった。これを見た近所の連中は群をなして頭の上でドンチャン騒ぎ。中には反吐を吐く輩さえいる始末。いよいよ困って大勢の手を借りて桜の木を抜いてはみたものの……。

【豆知識】ケチ噺の枕としてポピュラーな古典落語で、短編アニメ映画の原作として海外でも知られる演目。現代に通じるナンセンスさが特徴。

鮑《あわび》のし

ぐうたらな上におつむのめぐりも悪い亭主・甚兵衛。稼ぎの悪い主のせいで、女房は食い物を買う金さえ事欠く有様。その上、今夜は大家さんの家で婚礼があるのに祝いの一つも出せやしないときた。そこで女房は、隣家で五〇銭を借りて甚兵衛を送り出すも、言いつかった「尾頭付き」は高くてとても手が出ない。そこで片貝の鮑を求めたが、これは「鮑の片思い」と忌み嫌われる代物。案の上、大家に突っ返されるや甚兵衛は……。

【豆知識】上方発祥の夫婦噺で三代目桂春團治や五代目古今亭志ん生らの十八番。軽い噺だが、志ん生の巧みさに他の落語家が敬遠した伝説も。

家見舞《いえみま》い

金もないのに、兄貴分の新築祝いに水瓶を贈ると約束した弟分。行く店行く店で追い返されるも、ようやく「タダで譲ってやる」という古道具屋にぶち当たる。これ幸いと即決するも、よくよく聞けばそれは「水瓶」ならぬ「肥瓶」。それでも「ないよりマシだ」と念入りに洗って兄貴分の家へ。喜んだ兄貴分は「おまんま食っていけ」ともてなし始めるが……。

幾代餅《いくよもち》

吉原の売れっ子花魁《おいらん》・幾代太夫。その錦絵をひと目見て惚れてしまった小松屋の奉公人・清蔵は、恋煩いの真っ最中。ところがある日、不憫に思った親方が「一年間みっちり働けば会わせてやる」と諭したところ一念発起。仕事に明け暮れること一年、ようやく幾代太夫と一晩をともにする日がやってきた。事のいきさつを聞いて、清蔵の一途さに打たれた幾代太夫は……。

池田《いけだ》の猪《しし》買《か》い

ある冬の日、一人の男が大坂丼池に住む物知りの甚兵衛を訪ねた。男が冷え性に難儀していると打ち明けると、猪肉、それも獲れたての新しい肉が効くと、池田の山あいに住む猟師・六太夫を紹介された。さっそく訪ねて猟に出るや、六太夫は首尾よく銃で一頭の猪を仕留める。ところが男はその猪を見るや「これは本当にいま死んだ猪か?」と訝しがる。六太夫が台尻で猪を突いて応じるが……。

居酒屋《いざかや》

ある夜の居酒屋にたちの悪い男が居座っていた。肴を注文しないばかりか、酌をさせたり、からかったりとやりたい放題。それでも小僧は生真面目に、そして独特の口上で料理を勧める。「……できますものは、つゆ（汁）、はしら（貝柱）、鱈、こぶ（昆布）、あんこう（鮟鱇）のようなもの……」。すると男が言った。「じゃあ、その『のようなもの』っていうのを持ってこい」

意地《いじ》くらべ

ある晦日の日、下駄屋の主人のところに近所の男が五〇円を借りに来た。下駄屋は「そんな大金は無理だ」と断るも、聞けば、近所のご隠居が自分を見込んで「出世払い」で五〇円を借してくれたが、その温情に応えるべく「晦日までに返そう」と心に決めるも叶わず、やむなく自分に借りに来たとのこと。感心した下駄屋は金をどうにか工面してやり、男はその足でご隠居の屋敷へ。ところがご隠居、なぜかその金を突き返し……。

【豆知識】五代目柳家小さん、八代目桂文楽らの十八番。小さん門下の当代小三治も得意とする。上方落語の『強情』はこれを移植したもの。

井戸《いど》の茶碗《ちゃわん》

正直者の屑屋・清兵衛が界隈を流していると、ある娘から声をかけられた。何でも貧乏浪人の父親・千代田卜斎《ぼくさい》が、先祖代々の仏像を売りたがっているという。同情した清兵衛はそれを二〇〇文で預かり、その後、細川家の家来で独り身の高木佐久左衛門の手に三〇〇文で売る。すると清兵衛のもとに「仏像から五〇両の小判が出た」との知らせ。高木から「卜斎に返してやれ」と申しつかった清兵衛だが、卜斎は「要らぬ」の一点張り。困った清兵衛は……。

【豆知識】「井戸の茶碗」とは室町時代から江戸時代にかけて上流階級に好まれた高麗（朝鮮）茶碗の種類。

田舎芝居《いなかしばい》

とある片田舎の祭礼で芝居を催すことになった。できれば本職に指南役を頼みたいが、ハナから花形役者を呼べるはずもなく、結局、三文役者・中村福寿に白羽の矢が立つ。もっとも、普段は馬の脚が関の山の大根役者も、田舎芝居では威風堂々の千両役者。素人役者を従えて『仮名手本忠臣蔵』の師直をそつなくこなしていく。ところが見せ場に差しかかった途端、なぜか福寿の表情が……。

犬《いぬ》の目《め》

ある男が両目を患い、友人に相談するとある病院を紹介してくれた。何でもそこは高名な眼科医の弟子がいるのだそうで、男はさっそく駆け込んだ。聞けばあいにく目当ての医者は留守なので、その弟子が診るという。やむなく身を委ねるも、弟子は男の目を診るなり「これは手遅れだ。くり抜かなきゃ治らん」と、さっさと男の目を引っこ抜く。ところが目玉を洗って元に戻そうとする段になって……。

居残《いのこ》り佐平次《さへいじ》

稼ぎは悪いが道楽好きの佐平次。今日も仲間を誘い出し、品川の遊郭に繰り出した。ドンチャン騒ぎに興じた末に、仲間から一円ずつ金を集めて先に返すも、お代はビタ一文払う気もなく、挙句の果てに居残りを決め込んだ。企みがバレても蒲団部屋にご籠城。かと思えば、頃合いを見計らって他の座敷に上がり込み、自慢の座敷芸まで披露して、おこぼれに与る毎日。しかも座持ちの良さが客に評判を呼び……。

【豆知識】当代柳家小三治、立川談志の得意ネタ。各々の弟子、三三、談春にも伝承される江戸落語の名作。

今戸《いまど》の狐《きつね》

江戸の噺家・初代三笑亭可楽のもとに弟子入りした二つ目の良助。いくら師匠が稀代の噺家でも、二つ目暮らしは思いのほか厳しく、ついには禁を破って今戸焼きの狐の彩色で糊口をしのぐ有様だった。そんなある日、可楽の家で前座が寄席の上がりを「チャリン、チャリン」と分けていると、雨宿りをしていたやくざ者が「狐（サイコロ博打）」の音と早合点。「素人が狐を開くとはいい根性だ」と、いきなり可楽の家に怒鳴り込んできた……。

【豆知識】　江戸中期の講釈師・乾坤坊良斎が噺家時代の自身（菅良助）の失敗談をもとに編んだといわれる演目。五代目古今亭志ん生の十八番。

居残り佐平次　歌川広重の『江戸名所之内　品川の駅海上』。嘉永6年（1853）刊行。佐平次をフランキー堺が演じた映画『幕末太陽傳』が昭和三二年（一九五七）封切されている。落語**『四宿の屁』**では品川宿沖に肥船が浮かぶ。国立国会図書館蔵。

芋俵《いもだわら》

三人組の盗人が、界隈でも用心深いと評判の店に盗みに入ることに。まず一人が芋俵に隠れ、その芋俵を店の前に置かせてくれと頼み込む。晩までに引き取らなければ、さすがに小僧が店の中に片づけるだろう。そこで俵を抜け出した一人が引き戸の心張棒を外して、残りの二人を引き入れる。そう算段をつけた。決行当夜、案の定、俵は小僧の手で店の中へ。ところが俵を逆さに立てたものだから身動きが取れない。そうこうしているうちに盗人の下っ腹が……。

【豆知識】　四代目柳家小さんが演じて高座を降りた後に笑いが沸き、五代目小さんが「あれが本物の落語」と感心した逸話あり。上方では『芋屁』。笑いを取りやすく演じ手も多い。

浮世床《うきよどこ》

床屋といえば、若い衆がたむろして暇を持て余しているというのが平素の風景。今日も二人の若い衆が、退屈しのぎに将棋に指そうといい始めた。ところが普通にやったのでは余計に退屈だと、一手ごとに洒落を繰り出して、言えなかった方が負けとなる洒落将棋を始めるも、これが喧《かしま》しくてかなわない。ついにはその隙にお代を踏み倒して逃げる客まで出る始末。床屋の親父が愚痴を言うと、「そいつは畳屋の職人だ」と若い衆。親父が訝しげに訳を聞くと……。

【豆知識】　初代柳家小せんが上方落語のネタを移植した演目。六代目三遊亭圓生と三代目三遊亭金馬の十八番。

牛《うし》ほめ

親戚の新築祝いに倅の与太郎を行かせることにした親父さん。めぐりの悪い倅が粗相しないようにと誉め口上を教えるも、「お庭は御影石造り」と言えば「お庭は見かけ倒し」と返す、相変わらずの間抜けぶり。それでも小遣い目当ての与太郎は、親戚の家に着くや欲の力を借りて「柱の節穴にお札を貼れば穴は隠れるし、火の用心にもなる」と粋なセリフで小遣いをせしめる。ところが調子にのって、庭の牛を誉め始めるや、牛の尻からボタボタと糞が……。

【豆知識】　オウム返しの妙が光る与太郎噺の代表格。同様の噺に『子誉め』がある。上方では『池田の牛ほめ』。

うどん屋《や》

ある冬の夜。男が鍋焼きうどんを食わせる屋台を引いていた。ひとしきり酔っ払いに絡まれてくさくさしていると、今度は近くの大店の木戸が開いて、若い娘が「うどん……屋……さん」とか細い声で呼ぶ。主人に内緒でうどんを食らって暖まろうという算段だろうと推し量ったうどん屋は気を利かせて、一段と消え入るような声で「へい、一丁お待ち」とうどんを持っていったのだが……。

鰻《うなぎ》の幇間《たいこ》

夏の盛り。半人前の幇間・一八が朦朧としながら客引きをしていると、向こうから見覚えのある男がやって来た。さっそく声をかけるも、どうも話が噛み合わない。思い違いかと案じたが、気を取り直して鰻屋へ連れ立ち、酌をしながらヨイショの雨。男もまんざらではない様子で、お代はおろか、祝儀の一つも……などと夢想していたら、便所に立った男が戻ってこない。その上、お代ばかりでなく、土産の鰻まで一八につけ回して出ていったことを知り、泣く泣く大枚をはたいて帰ろうとすると……。

【豆知識】三代目柳家権太楼や自身で改作した上方の桂春之輔の得意ネタ。噺家によっては悲喜劇にもなる。

厩火事《うまやかじ》

髪結いで亭主を食わせていた女房が、離縁したいと仲人のところへ駆け込んだ。ところが女房の話の端々に未練がましさが見え隠れする。そこで仲人は「厩が火事になった時に、かわいがっていた白馬の安否ではなく、まず使用人の安否を気遣った」という孔子の故事を引いて、亭主が大事にしている瀬戸物を割って、亭主の了見を確かめてみよと女房にアドバイスした。果たして亭主は割れた瀬戸物を前に、真っ先に女房の身を案じ、女房は亭主の情愛に大いに感動するのだが……。

梅若礼三郎《うめわかれいざぶろう》

能役者だった梅若礼三郎が、あるきっかけで己の才を儚み、金持ちから盗って貧乏人に与える義賊稼業に身を転じた。ところがある時、主人が病に倒れて困窮する小間物屋の女将に九両二分を分け与えたところ、遊び人で有名な隣の魚屋が、その金を盗み出してしまう。幸い魚屋は奉行所にしょっ引かれたが、一分金の刻印から盗まれた金だと分かるや、小間物屋の女房までがお縄に。意を決した礼三郎は、女将への疑いを拭うべく奉行所へと向かうが……。

【豆知識】噺を仕立て上げた六代目三遊亭圓生の専売特許。その後、六代目圓窓が引き継ぎ、一門の十八番に。

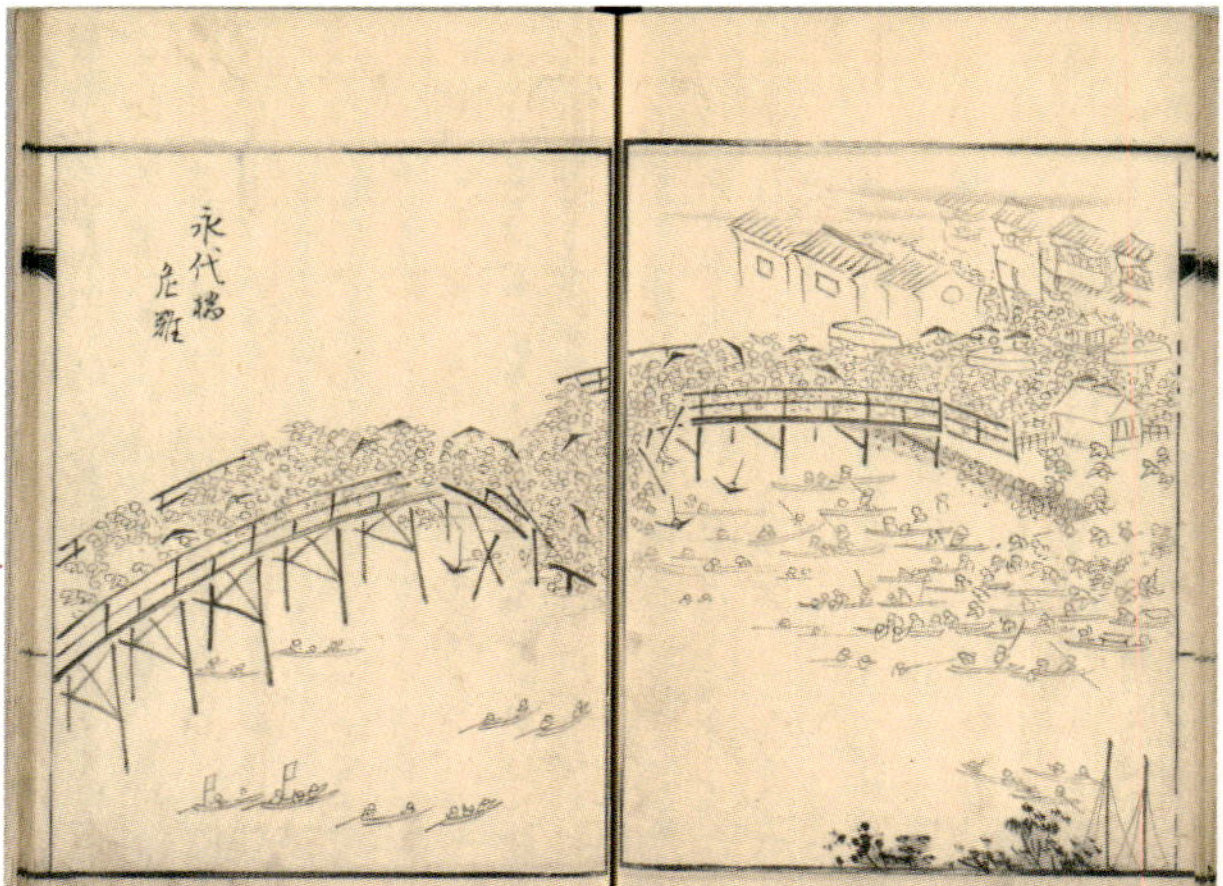

永代橋　江戸時代後期に発刊された『夢の浮橋附録』より永代橋の崩落の様子。文化4年（1807年）の深川八幡宮の祭礼は雨天のため8月15日から19日に延期になったが、当日永代橋が落ち、多数の死傷者がでた。国立国会図書館蔵。

浦島屋《うらしまや》

横浜で鼈甲屋を営む浦島屋の若旦那。無類のハイカラ好きで、ある日突然、幇間の船八に「ガ

大山詣り　『相模國大隅郡　大山寺雨降神社真景』歌川貞秀作。右下の鳥居から山頂まで参道は参詣する庶民たちで埋め尽くされている。大山の右奥に富士山、左は奥に伊豆半島、手前に江ノ島が描かれている。林美喜男氏蔵（「神奈川県郷土資料アーカイブ」より）。

ラス玉に乗って水中散歩に行こう」と誘い出す若旦那。着いた先は竜宮城。ところが帰る段になって、若旦那が玉手箱を落とし、後はお約束の成り行き。何とか店に帰り着くも、そこは若旦那の五〇回忌法要の最中。赤ん坊だった倅も齢五〇を数え……。

永代橋《えいたいばし》

隅田川の近くに住む太兵衛と武兵衛。揃いも揃って粗忽者（慌て者）だが、お神酒徳利のように仲がいい。今日も連れ立って、深川八幡の祭礼に参ろうという次第。ところが永代橋に差しかかると黒山の人だかりで身動き一つできない有様。武兵衛とはぐれた太兵衛は財布までスられてしまう。ところが太兵衛が家に帰ると、永代橋が落ちたとの知らせ、そして翌朝、武兵衛が死んだとの差し紙が……。

王子《おうじ》の狐

王子稲荷で若い娘に化けた雌狐を見つけたある男。化かしに乗っかってやるのも一興と、狐を扇屋という料亭に誘い出した。狐は酒をたっぷりと飲まされた挙句にぐっすり。男は男で、勘定も払わずに土産の玉子焼きもろとも店を出て、仲間に得意げに武勇伝を吹聴する始末。ところが仲間から「狐は扇屋で仕置きを受けたに違いない。恨み殺されるぞ」と脅された男。一転心配になって王子稲荷へ行き、遊んでいた子狐に土産を渡し、詫びを入れるものの……。

【豆知識】　五代目古今亭志ん生、八代目春風亭柳枝らの得意ネタ。「扇屋」は現在玉子焼き専門店として存続。

近江八景《おうみはっけい》

馴染みの女郎と所帯を持つ約束をした男が、ある日兄弟分から「間男がいる」と聞いて慌てふためく。女の本心を評判の易者に見立ててもらうも、これまた同じ見立て。承知できない男は「あんたを一目三井寺から、心は矢橋にはやれども」なる、近江八景に掛けた女の恋文を突きつけて、「やい、八卦見をするなら近江八景でやってみろ！」とひどく逆上。易者は仕方なしに八景を並べ立てて見料を請うも、男は……、「近江八景には膳所（＝銭）はねぇ！」

【豆知識】　「八卦見」は占いの意。落ちの「膳所」は近江の地名で近江八景にはないため「膳所はない」となる。

大山詣《おおやままい》り

長屋の講中（神仏詣）で大山詣りに出かけた一行。唯一の心配は、毎度酩酊しては喧嘩沙汰を起こす熊五郎のこと。今年は喧嘩に及べば丸坊主にする約束を取り交わしたものの、帰途に東海道は程ヶ谷の旅籠に着くと、案の定、大立ち回りをやらかした。腹の虫が収まらない一同は、寝入った熊五郎を丸坊主に。ところがあくる朝。頭に来た熊五郎は、一足先に江戸へと急ぎ「舟が難破して自分だけが打ち上げられた」と、帰りを待つ女房連中に一芝居打つ。

【豆知識】「大山」とは神奈川県は丹沢山塊の水神信仰と登拝で知られる大山阿夫利神社のこと。当代柳家小三治も得意とするネタ。

おかめ団子《だんご》

飯倉片町は「おかめ団子」の一人娘・おかめ。別嬪な上に気立てもいいと評判で、店も繁盛していた。そこに毎日、貧相な身なりで母のために一盆の団子を求める男。大根屋の多助だ。主人はいたく感心して、時に一包みの団子を渡して労うも、そんな折に母親に柔らかい蒲団を買ってあげたいと思い詰めていた多助が、意を決して団子屋の庭先に忍び込む。ところがそこにおかめの影が……。

お血脈《けちみゃく》

信濃の善光寺が「血脈のご印」なる代物を世に出した。何でも額にお血脈のご印を押すと、たちまち罪業は消滅、極楽浄土に旅立てるというありがたいご印。それが評判を呼び、善光寺には黒山の人が押し寄せるも、一方、煽りを喰った地獄の面々はひどい不景気で暮らしが立たない。そこで皆で相談し、血脈のご印を盗み出そうと相成った。ここは地獄。腕利きの盗人には事欠かない。そこでかの石川五右衛門に白羽の矢を立て、首尾よくご印を盗み出すが……。

【豆知識】六代目三遊亭圓楽などが得意とする地噺。上方では歌舞伎の一場面を乗じて『善光寺骨寄せ』とも。

おせつ徳三郎《とくさぶろう》

日本橋横山町の大店の一人娘・おせつは、見合いを重ねても一向に色よい返事を返さない。ある日、店の徳三郎との相愛がその由と知った主人は、すぐさま徳三郎を店から放り出し、婿を取る。片や徳三郎は怒り心頭。婿とおせつを殺《あや》めてしまえと思い立つも一転、入水心中すべくおせつを連れて中木場へ。そして念仏を唱えつつ意を決して飛び込む二人。ところが……。

お直《なお》し

年増の頃を迎えて落ちぶれた花魁が、ある拍子に店の若い衆といい仲に。もっとも、同業者同士の恋はご法度。店を出た二人は所帯を持つも、程なく窮して安手の女郎屋を始めることと相成った。ところが亭主は女房が客とよろしくやるのが気に入らない。初日から「お直し（お客さん、時間ですよ）」を繰り返し、さっさと客を帰すことにご執心。勢い喧嘩が始まるも稼業をやめれば暮らしが立たない。思い直して女房をなだめ、仲直りに苦心していると、帰した客が戻ってきて……。

【豆知識】五代目古今亭志ん生がこの演目で芸術祭賞を受賞して世に知れ渡り、次男の三代目志ん朝も受け継いだ廓噺。

お化長屋《ばけながや》

ある日、長屋住まいの古株・杢兵衛が、軒先に空店（空室）の札を見つけた。空店が埋まって大家の態度がでかくなってはたまらないと、新手が来たら怪談話で追っ払おうと思い立った。最初に来た男は悲鳴を上げて逃げ帰ったが、次に来た職人の男は、怪談話に動じないばかりか、翌朝、職人仲間と連れ立って越してくる始末。ところがこの仲間がなかなかの曲者で、日頃から威勢がいい連れに度胸試しを仕掛けるや、案の上、男は一目散に……。

【豆知識】上下で切ったり〝リレー〟することもある長編だが、六代目三遊亭圓楽など通しで手掛ける噺家も。

帯久《おびきゅう》

日本橋本町で商う二人の男。片や呉服屋の与兵衛は人情に篤く大繁盛、片や陰気な久七の帯屋は「売れず屋」と蔑まれ、度々与兵衛に金の無心をしていた。久七は借りた金はきれいに返すタチだったが、ある日いよいよ窮して、与兵衛の金を持ち逃げするに及ぶ。これを境に両者の商いは一転。久七はそれを元手に商いを広げ、与兵衛は次々と不運に見舞われる。ついには火の不始末で火事まで起こし、名奉行・大岡越前守の裁きを受けることになる……。

【豆知識】　三代目桂米朝や六代目三遊亭圓生の得意ネタで知られ、近時は桂文珍、立川志の輔の一席も評判。

御神酒徳利《おみきどっくり》

暮れの大掃除に励む馬喰町の旅籠・刈豆屋一同。その最中、番頭の善六が御神酒徳利をあらぬところに放り込んだまま、失念してしまった。実はこの徳利、主人の先祖が家康から拝領した家宝ともいえる代物。案の定、大騒ぎとなるも、善六は素知らぬ顔で易を立てるふりをし、在りかを告げる。するとこれを聞きつけた大坂今橋の商家・鴻池から「あんたの力で病に伏す娘を救ってくれ」との頼みが舞い込んで……。

お見立《みた》て

吉原の花魁・喜瀬川に入れ揚げている流山の杢兵衛。だが当の喜瀬川はこの田舎者のお大尽が嫌でたまらない。ところが杢兵衛は喜瀬川が仮病を使っても「なら見舞いに行くべ」と返す察しの悪さ。ついには「喜瀬川は死んだ」と出まかせを告げられても、涙ながらに「墓参りに行く」と言ってきかない。困り果てた若い衆は、観念して杢兵衛と墓参に連れ立つが、死んでもいない女の墓石などある由もない。そうこうしているうちにさすがの杢兵衛も怒り出し……。

【豆知識】　桂歌丸、古今亭志ん輔らの名人芸が光る廓噺の傑作。「お見立て」は好みの女郎を探し選ぶこと。

親子酒《おやこざけ》

上戸で有名なある商家の親父。ところが倅は輪をかけたイケる口で、界隈では「蟒蛇《うわばみ》」とまで呼ばれる始末。先を案じた親父は「俺も断つからお前も断て」と誓いを交わして、倅に酒断ちをさせた。ところがある夜、当の親父の辛抱が先に切れてしまい、その上したたかに酔ったところで倅が帰って来るという結末。されども親父を見咎める倅も倅で、呂律がすこぶる怪しい。聞けば近所の旦那に脅かされ、二升も呑まされたとの由。すると親父が口を開いて……。

【豆知識】　上方では『うどん屋』の前半部として用いられるなど、他の演目や枕に入れ込まれることも多い。

親子茶屋《おやこちゃや》

大坂船場のとある商家。旦那は倅の放蕩ぶりに心休まる暇もない。「呑む」「買う」「打つ」の「三陀羅煩悩」のうち、手を染めていないのは「打つ」だけという有様。ある日など「勘当されても、馴染みの芸妓が東京の花街で働いて養ってくれる手はずだ」と啖呵を切る始末。怒り心頭に発した親旦那を案じた番頭が「万福寺で心を鎮めては」と勧めるも、その足はなぜかお茶屋へと……。

泳《およ》ぎの医者《いしゃ》

とある村の富農の娘が病に倒れた。下男が近所に山井養仙という腕利きがいるというので、主人はさっそく連れて来させたが、この「名医」が薬を飲ませるやいなや、娘はたちまちあの世へと行ってしまった。逆上する主人に驚いた医者はすぐさま逃げるも目の前には大きな川。ザブンと川に飛び込んだが、泳ぎを知らぬ医者はアップアップ。それでも何とか家に逃げ戻るや、幼い息子に言った「医者になるなら……」

か

火焔太鼓《かえんだいこ》

古道具屋の甚兵衛はお人好しな上に呑気者。商いもガセネタばかりをつかまされ、今日も今日で埃をかぶった古太鼓を仕入れて来て、例によって女房の小言に見舞われる。ところがある日、通りすがりの殿様がこの薄汚い古太鼓を三百両で買い上げる。聞けば「これは火焔太鼓といって、すこぶる珍しいものだ」という。「これからは音の出るもんに限る。今度は半鐘の仕入れだ」と調子に乗る甚兵衛。そこで女房が一言。「いけないよ。おじゃんになるから」

【豆知識】　「おじゃん」は半鐘の音。二回打つのが終わりの合図で、これが「おじゃん＝フイにする」の意に。

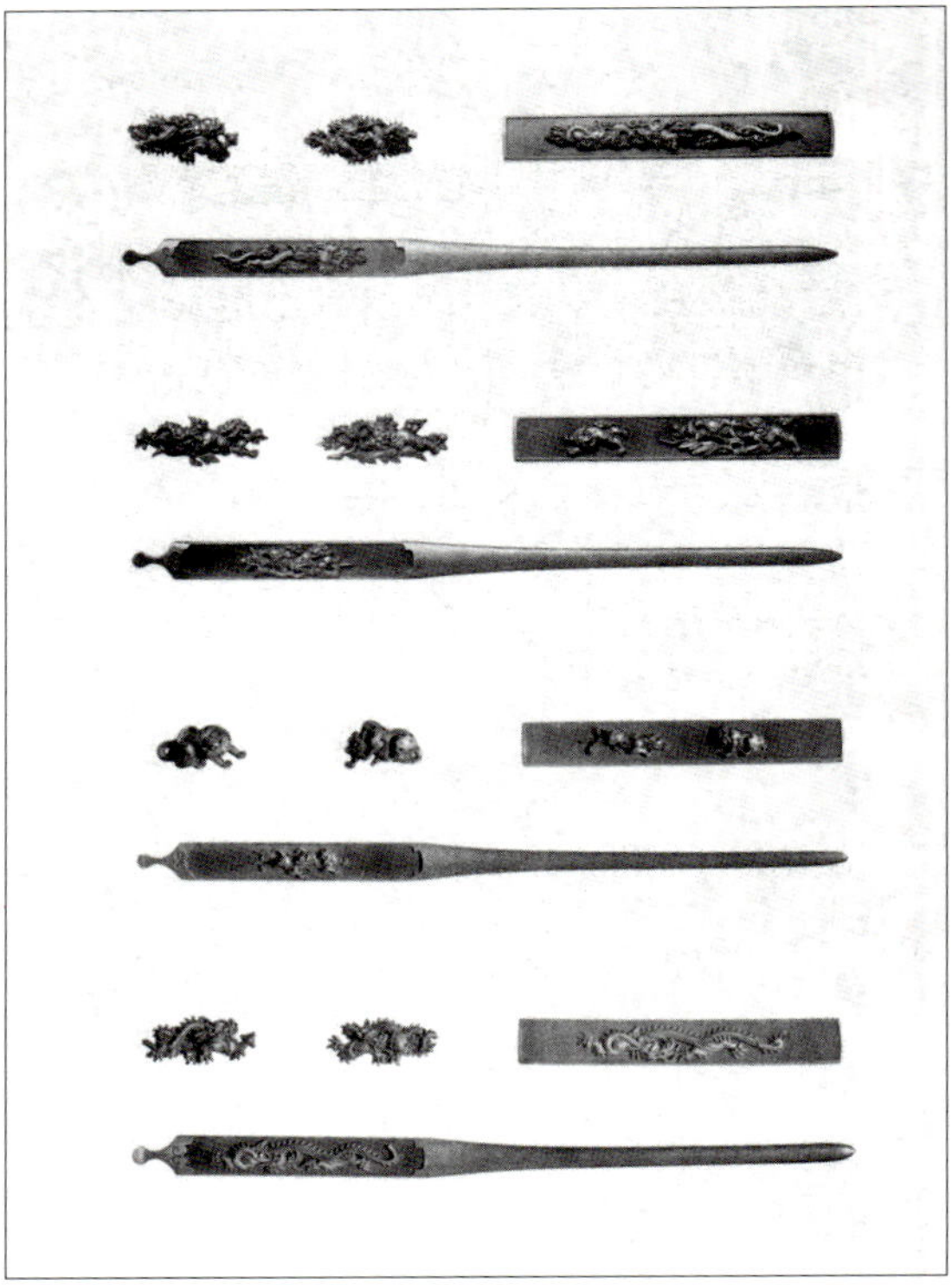

景清　左上の二つが目貫、右が小柄（こづか）、下が笄（こうがい）。この三種類で日本刀の三所物（みところもの）と呼ばれる。写真は4セット分。目貫は刀身が柄から抜けないように刺す目釘の頭を装飾し、小柄は鞘に差す小刀の柄、笄も鞘に差しておいて頭を掻いたり耳掃除に使う。江戸中期以降、職人たちによって意匠を凝らした名品が数多く作られた。大正2年（1913）の『装剣金工図譜』より。国立国会図書館蔵。

景清《かげきよ》

指折りの目貫《めぬき》師(刀の目貫を彫る彫金師)だった定次郎は、目を患ったことがきっけで失明の憂き目に遭っていた。そんなある日、定次郎は、近所の旦那がしきりに勧めてくれた清水の観音様へのお参りをすることにした。悪七兵衛景清が頼朝暗殺のかどで捕えられた時に「源氏の世は見られぬ」と、己の目玉を奉納したという言い伝えのある寺だ。ところが満願成就の日になっても目は見えない。失意のうちに山を下りる定次郎は、その帰り道、雷に打たれて……。

【豆知識】「笑いの上方景清」「人情噺の江戸景清」で知られる。三代目桂米朝が独自の落ちをつけて改作。東では八代目桂文楽が十八番に。

掛取万歳《かけとりまんざい》

ある大晦日。掛取り（借金取り）が列を成す頃合いになっても八五郎は素寒貧。いよいよ困って掛取りを逆手に取ることを思い立つ。狂歌好きの大家に「貧乏の棒は次第に太くなり振り回されぬ年の暮れかな」などと並べ立てて追い返し、魚屋が「ここを動かねぇ！」と凄めば「何十年でも座ってろ！」と返して、首尾よく放逐。そして最後に来た三河屋の主人と「三河万歳」の応酬を始め……。

笠碁《かさご》

〝ざる碁〟で鳴らす幼馴染の二人は暇を見つけては碁を打ち合っていた。仲はいいが、双方「待った」「待たない」で揉めるのが玉に傷。そこで「待ったご法度」を取り決めたはいいが、案の定、端からその禁を破って二人の仲も〝終局〟と相成った。ところがある雨、お互いに相方との〝ざる碁〟が恋しくなる。一方が菅笠《すげがさ》を被って相方の家へと向かい、めでたく再び碁盤を挟むことになったものの、碁盤の上に何やらポタポタと滴が垂れてきて……。

【豆知識】上方発祥の人情噺。菅笠を被り雨中をうろつく五代目柳家小さんの所作は今も語り草。近時も柳家一門の噺家を中心に伝承。

鰍沢《かじかざわ》

身延山詣の帰りに大雪に見舞われた新介。さまようちに粗末な一軒家に当たったが、戸口に出た女はかつて馴染みの女郎だったお熊だった。心尽くしの卵酒で一息つくと、そこへ猟師の亭主が。ところが残りの卵酒をあおるやとたんに悶絶する亭主。新介は自分の金を狙ってお熊が毒を盛ったと合点したが、体が痺れて動けない。護符を飲んで毒を抜くも、背には鉄砲を持ったお熊。追い詰められて川に落ちた新介が材木にしがみついて題目を唱えると……。

【豆知識】初代三遊亭圓朝が噺家仲間の前で創作、即興したとされる三題噺。下げは地口（駄洒落）落ち。

火事息子《かじむすこ》

江戸は神田三河町。質屋の大店「伊勢屋」の跡取りは無類の火事好きという変わり者。ついには跡を継がずに火消になりたいと言い出して、勘当された挙句、行方知れずになってしまった。しばらくしたある夜。近所から火が出て、伊勢屋にも火の粉が降ってきた。すると粋な出で立ちの定火消の人足がやって来て、てきぱきと番頭たちを仕切り始める。おかげで火は消え、伊勢屋も巻き添え寸でで難を逃れた。ところが件の粋な火消の顔をよくよく見ると……。

【豆知識】八代目林家正蔵、六代目三遊亭圓生、三代目桂三木助らの競演で知られ、立川談志も得意とした。

片棒《かたぼう》

吝嗇家として通っていたある大店の主人。跡継ぎを決める頃合いを迎えて、三人の息子がそれぞれ自分にどんな弔いを出してくれるかで家督を決することに。長男は銘酒を揃え、料理は金蒔絵の三段重ね。道楽者の次男も芸者衆を呼んで盛大に送ってやるときた。これじゃいずれ身代がもたない。ところが三男は「親父の人柄そのままに」と嬉しいことを言う。「棺は古い樽を天秤棒に吊るせば十分」と倅。「片棒は俺が担いで、もう片棒は……」

【豆知識】三代目三遊亭金馬、九代目桂文治の名演が光った吝嗇噺。ハメモノ代わりの口真似も聞かせる。

かぼちゃ屋《や》

二十歳になっても頭の霧が晴れない抜け作の与太郎。ある日、叔父の佐兵衛の世話で、かぼちゃの行商に出ることと相成った。「掛け値（客筋や売れ方に応じた儲け）を乗せろ」「よく上を見て（できるだけ高く）売れ」と教えられた与太郎だったが、掛け値どころか元値で売ったり、「上を見て売れ」という教えを真に受けて、呑気に空を眺めたりと相変わらずの按配での商い。その上、めぐりの悪さに呆れた客が歳を尋ねると……、

「六〇だ。元値が二〇、掛け値が四〇」

【豆知識】五代目柳家小さんのとぼけぶりが絶品といわれた間抜け落ちの名作。ルーツは上方の『蜜柑屋』で、四代目小さんが改作。

釜泥《かまどろ》

ある日、石川五右衛門の子分連中が親分の弔い話にふけっていた。「俺たちもいつか釜ゆでに……」と案じ始めた一同、「先手を打てるし、供養にもなる」と、さしあたり江戸中の豆腐屋の大釜を盗み始めた。そんな折、ひと月に二つも盗られた店の主人が一計を案じ、釜の中で番をしていたが、呑兵衛の主人、一杯二杯とやるうちに寝入ってしまった。そこに子分たちがやってきて……。

蝦蟇《がま》の油《あぶら》

浅草は奥山の大道で、香具師が「がまの油」の売り口上を始めた。とはいえ、得体の知れぬ香具師の口上を鵜呑みにするほど世間様は甘くない。そこで一振りの刀で腕に一筋入れ、がまの油をさっとひと塗り。すると見事に血は止まり、それを合図に油は飛ぶように売れた。そして香具師はひとしきりの祝い酒の後、「もうひと稼ぎ」と赤ら顔で商いを始めるが、酔いのせいで手元が狂って……。

紙入《かみい》れ

色男で通る小間物屋の新吉に、お得意の旦那の女房から「今日は亭主が帰らない」との艶っぽい一筆。ところが蒲団に入ったはいいが、途端に戻らぬはずの旦那が帰ってきた。何とか事なきを得た新吉だが、懐に手をやると紙入れ（財布）が見当たらない。それは以前、旦那に披露した代物で、おまけに例の女房の一筆まで入れてある。事を案じた新吉が翌朝、旦那に探りを入れてみると……。

蛙茶番《かわずちゃばん》

町内の素人芝居で『天竺徳兵衛韓噺』の「忍術譲りの場」を出すことになった。ところが本番の日になるや、最後の山場で蝦蟇蛙《ひきがえる》の役を務める伊勢屋の若旦那が姿を現さない。やむなく丁稚の定吉を代役に立てるも、今度は舞台番の半公が「裏方は嫌だ」と駄々をこねる。そこで半公が惚れている娘の色目を借りて事なきを得るも、のぼせあがった半公は、褌を締め忘れたまま客を仕切り始め……。

蛙茶番　天竺徳兵衛と巨大な蛙。徳兵衛は実在した人物で朱印船貿易に従事し、東南アジアやインドに渡航した。死後に伝説化し、『天竺徳兵衛韓噺』では妖術使いとして人気を呼んだ。天保12年（1841）の『天竺徳兵衛　尾上多見蔵』五渡亭国貞作より。都立中央図書館特別文庫室蔵。

替《か》わり目《め》

ある夜、呑兵衛の亭主が毎度のごとく、酔っぱらってご帰還。ところが亭主は「飲み足りない」と女房に酒を持ってこさせた上に、おでんまで買いに行かせる始末。さらに流しのうどん屋の親父を引き入れてお銚子の燗をさせた挙句に、都都逸引きまで呼び込んでやりたい放題。片や女房は戻って来るなり、入れ替わりに出て行ったうどん屋を慮って戸口から声を掛けるも、うどん屋は振り向かない。声に気づいた通りすがりの男が親父に知らせるも……。

【豆知識】　演題は下げの「あそこへは行けません。ちょうど銚子（都々逸の調子）の替り目ですから」より。五代目古今亭志ん生の出世ネタ。

癇癪《かんしゃく》

ある実業家は細かい上に大変な癇癪持ちで知られていた。邸でも「帽子掛けが曲がっている」「打ち水がしていない」などと事細かに小言を繰り出すものだから、嫁入り間もない若い女房の辛抱が切れて、実家に逃げ帰ってしまった。ところが実家の父に「使用人をうまく使って、小言を出せないように整えればよかろう」と諭された女房。邸に戻って、父の心添え通りに使用人を総動員。さすがに小言は出なかったものの、亭主はまたぞろ癇癪を起こして……。

【豆知識】　三井物産創始者の次男・益田太郎冠者が初代三遊亭圓佐に書き下ろした滑稽噺。柳家小三治や笑福亭鶴瓶も持ちネタにする

堪忍袋《かんにんぶくろ》

何かにつけて喧嘩が絶えない長屋住まいの熊五郎と女房。ある日、喧嘩に出くわした近くの旦那に「『堪忍袋』をこしらえて、そこに鬱憤を吐いて紐で括れば夫婦円満だ」と諭される。而して「堪忍袋」を縫い上げるも、喧嘩の声は相も変わらず。ところが近所衆が覗いてみると夫婦はなぜか平穏な様子。これが「堪忍袋」の効能と知れ渡るや、我も我もと「堪忍袋」に鬱憤を吐き出す近所衆。「堪忍袋」はいつしか今にも破れそうなくらいに膨れ上がり……。

【豆知識】　作者は『癇癪』の益田太郎冠者。下げのセリフは噺家ごとに様々。近年では上方噺家のネタにも。

看板《かんばん》のピン

鉄火場（賭場）で子分連中が「チョボイチ（壺の中の賽の目を当てる博打）」に興じていたが、若造ばかりでどうも場が締まらない。そこに博打で鳴らした老親分がやって来たのを幸い、「こ

こはひとつ……」と胴をとって（親になる）もらうことに。ところが老いのせいか、どうも所作が覚束ない。振った壺が少し開いてピン（一）の目が見えているのを見て取った子分たちは、こぞってピンに張り始める。それが親分の「看板（みせかけ）」だとも気づかずに……。

【豆知識】五代目柳家小さんが枕のネタを独立させた噺で三代目桂米朝など上方の噺家にも継承された名作。

岸柳島《がんりゅうじま》

隅田川の渡し舟「御厩《おうまや》の渡し」で、若侍が煙管をくゆらせていた。ところが吸殻を落とそうと煙管を叩いた途端、先端の雁首が外れて川底へと沈んでしまう。「舟を止めろ！」と若侍が叫ぶも、船頭は首を縦に振らない。居合わせたご老体の武家がなだめすかすも、若侍は「ならば手合せしろ」と無茶を言う。仕方なく岸に戻り、両者手合せをすることとなったが、若侍は岸に着くのを待ちきれず、舟縁を蹴って桟橋へ。すると舟はその勢いで岸から離れ……。

【豆知識】原典は上方落語の『桑名舟』。五代目古今亭志ん生がくすぐりをふんだんに加えて仕立て直した。

祇園会《ぎおんえ》

祇園祭にやってきた江戸っ子の八五郎以下三人衆が、揚屋（遊郭）の二階で祭り見物と洒落こんだ。程なくして芸妓を買う段になったが、祭の最中、ろくな玉がいない。そしてやってきたのがやたらと無心する娘。三人は手玉にとるのも一興と、娘にそれぞれ偽りの商売を告げる。案の定、次々と無心を繰り出す娘。そして業を煮やした一人が「死人を焼くのが生業だ」と告げると、娘は……。

義眼《ぎがん》

ある日、片目を患った男が我慢しきれず医者にかかるも、医者は「くり抜いて義眼を」とあっさり告げ、さらに「寝る時は水に浸けておきなさい、保ちが良くなるから」と言い添えた。その夜、男が吉原の遊郭へ行くと、「男前が上がっ

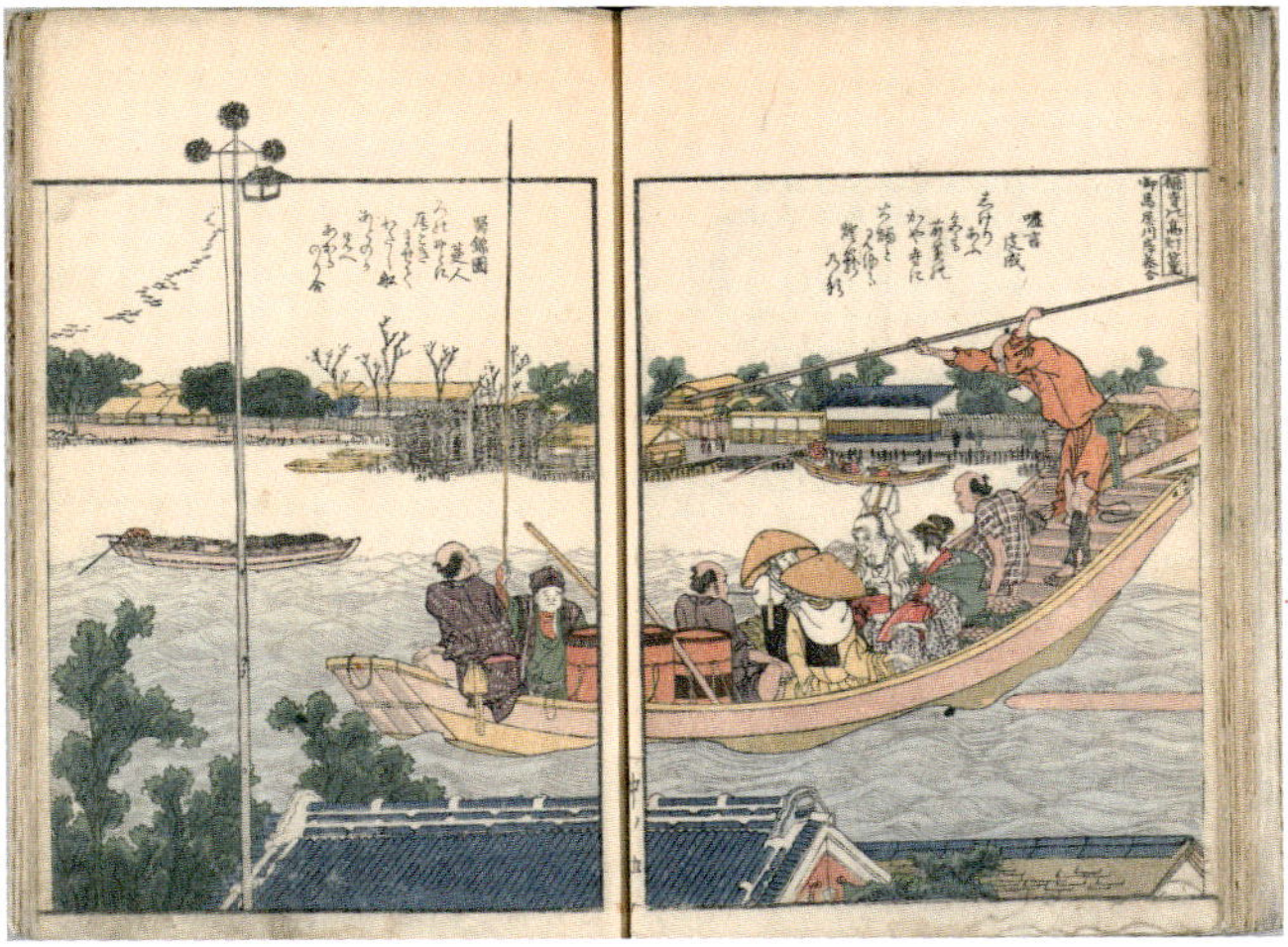

岸流島　『隅田川両岸一覧　榧寺の高灯籠』葛飾北斎作。隅田川の河口から新吉原までの名所を遡る絵本のなかの一景。副題に「御馬屋川岸乗合」とある。舟のほぼ中央に積み荷に寄りかかって煙管を咥えている客がいる。国立国会図書館蔵。

た」と馴染みの女郎が、前にも増して手厚いご奉仕。程なくして褥《しとね》を終えて眠りこける色男のもとに水を求める酔っ払い一人。男は枕元の湯呑みの水をグイッとひと飲みして出て行くも、明くる朝からなぜか男の「通じ」が……。

【豆知識】短いわりに笑いどころが多く、膨らませたり「逃げ噺」として使われることも。別題「い（入）れめ」。

菊江《きくえ》の仏壇《ぶつだん》

道楽好きの倅を持ったある大店の旦那。貞淑な妻を迎えれば遊びも治まろうと、お花という娘を娶らせた。しかし大人しかったのも束の間、再び遊びに溺れた挙句、お花は病を患い実家に帰る始末。程なくお花の危篤の知らせが舞い込むも、倅は気にする風もない。それどころか旦那がお花の見舞いに出かけた隙に馴染みの芸妓呼び寄せる有様だ。そこへ旦那が戻ってきて、お花が死んだと告げられ……。

紀州《きしゅう》

時の将軍家継が早逝し、御三家の紀州侯（綱吉）と尾州侯（継友）、いずれかを跡目に選ぶことに。野心多きは尾州侯。寝ても覚めても跡目を継ぐ思案を巡らせ、「トンテンカーン」と鎚を打つ音が「テンカトルー（天下獲る）」と聞こえるほどの酩酊ぶり。しかし故なき察しは見事に当たり、推挙されたるは尾州侯。ところが尾州侯が粋がって「余はその徳薄くして任にあたわず」と見栄を切るや……。

御慶《ぎょけい》

ある年の元日。年の瀬に買った富くじで一儲けした長屋住まいの八五郎が、狂喜乱舞した女房が揃えてくれた袴に身を包んでほくほく顔で挨拶回りに。出がけに大家から新年の挨拶を指南された八五郎だが、長いものは覚えられないと、教わったのが「御慶（新年のお慶びを申し上げます）」の二文字。「こりゃいいや」と「ぎょけい、ぎょけい……」と繰り返す八五郎に「何て言ってやんだ？」と長屋仲間。八五郎がすかさず「御慶ってんだ」と返すや……。

【豆知識】「御慶ってんだ」を「どこぇ行っんだ？」と勘違いする落ち。江戸のべらんめぇ口調が成せる業。

近日息子《きんじつむすこ》

一人息子に頭を悩ませている父親。何しろ便所に立って「紙を持ってこい」と言っても、便箋と封筒を持ってくるほどの頓珍漢ぶり。そんなある日「芝居の初日は何時か見て来い」と使いに出すと「明日からだ」と息子が言う。そこで翌日小屋に行くと、入口には「近日開演」の文字。ところが息子は「一番近い日は明日だ」と大真面目。さらに父親が「もっと気を回せないものか」とこぼすと、何を思ったか、息子は外に出るや医者を連れて戻ってきた……。

【豆知識】上方発祥の爆笑演目で二代目桂三木助が江戸落語に移植。近時では柳家喜多八らが高座に掛ける。

禁酒番屋《きんしゅばんや》

とある藩で酒の上での刃傷沙汰が続いていた。そこで藩士たちに禁酒を申し渡し、城下に「禁酒番屋」を設えて監視することになった。そんなある日、酒豪の藩士からの注文を受けた酒屋が、流行りのカステラの箱に酒を仕込んで番屋へ。番人は一旦は信用したが、酒屋が「どっこいしょ」と言ったのを聞くや企みを見抜く。再び油徳利に仕込み直して参上するも、今度は軽く見透かされる。するとヤケになった酒屋が仕返しにと、徳利に小便を入れて三たび……。

【豆知識】当代柳家小三治、立川志の輔などの得意ネタ。噺家ごとに工夫した番人との問答が聞かせどころ。

金明竹《きんめいちく》

道具屋の叔父の家で店番をする与太郎。これが少々抜け作で、雨に降られて「軒先を貸してくれ」と請うた男に「軒を取られては店がつぶれる」と、新品の傘を貸し与えるといった具合。そしてある日、叔父の留守中に上方商人の使いがやってきて、「先度、仲買の弥市の取り次ぎました道具七品のうち、祐乗、光乗、宗乗……」などと、符牒を交えた上方言葉でまくし立て始めた……。

くしゃみ講釈《こうしゃく》

顔見知りの講釈師・一龍斎貞能（低能）に恥をかかされ、遺恨返しを期していた男。兄貴分と相談して、講釈の最中に胡椒を扇ぎ、くしゃみを誘って邪魔してやろうと算段をつけた。ところがあいにく胡椒は売り切れ。やむなく唐辛子を手に講釈場に行くと、丁度貞能の講釈が修羅場に差しかかる頃合い。さっそく唐辛子を七輪にくべて扇いでやると、目算通り貞能の鼻先に行き、ついにはくしゃみが止まらなくなった。喜んだ二人が盛んに野次を飛ばすと……。

【豆知識】「なんで故障（胡椒＝邪魔）を入れるんですか？」と下げるのが一般的。初代桂春團治の十八番。

首提灯《くびぢょうちん》

酔っ払いが闇夜の中を歩いていると、遠目から一人の男の姿。何かと物騒なご時世、酔っ払いは大声で怒鳴ってやり過ごそうとしたが、敢え無く呼び止められる。男は道を尋ねにきただけのお侍。ところがその横柄な物言いに逆上した酔っ払いは、説教を垂れた挙句に紋服に痰を「プッ！」。するとお侍は「えいっ！」と刀を一振り、闇夜の中へと去って行った。酔っ払いは驚きながらも敵が去って一安心。ところが千鳥足を運んでいるうちに首の具合が……。

【豆知識】東は四代目柳亭市馬、西は二代目桂ざこばが代表格。上方では泥棒が主役。首の所作が見どころ。

首提灯　六代目三遊亭圓生。圓生はこの演目で昭和35年（1960）に芸術祭文部大臣賞を受賞した。撮影：横井洋司

首《くび》ったけ

花魁の紅梅に入れ揚げて、今日も吉原にやってきた辰だったが、目当ての紅梅は他の客相手で忙しい。不貞腐れた辰は紅梅と大喧嘩。店を出て行って向かいの店に行くと、前から辰を気にかけていた若柳という花魁が心尽くしのおもてなし。これを機に、辰は若柳のもとへ通い詰める。そんな折、吉原から火が出たとの知らせ。辰は若柳を助けるべく駆けつけるも表は黒山の人だかり。そこで裏に回ると逃げてきた化粧気のない紅梅が「お歯黒どぶ」に落っこちて……。

【豆知識】五代目古今亭志ん生の独壇場といわれた廓噺。「お歯黒どぶ」は吉原の外郭の堀で、ひどく汚いことで有名だった。

汲《く》みたて

町内の稽古屋に別嬪で評判の常磐津の師匠がいた。男連中はそれぞれに気を引こうと浅知恵を絞るも、近々師匠が建具屋の半公と舟で夕涼みをするとの悲しい知らせ。逢瀬の邪魔をしようと思い立った野暮一同は、夕涼みの日、師匠と半公の舟に近づいて「ピーヒャラドンドン」と囃子立てる。これに半公は「糞でも喰らえ」と川中を挟んで応戦。するとそこに肥舟（糞尿船）がやって来て……。

蜘《く》蛛《も》駕《か》籠《ご》

江戸は鈴ヶ森。駕籠屋が客引きに精を出すが、まるで捕まらない。すると一転、お代を弾むという上客が到来。ところが担ぐとやけに重く、かと思えば、途中でストンと軽くなる。ふと見れば駕籠の底が抜けて都合四本の足。そう、中に二人いたのだ。「謀ったな」と詰め寄るも「俺たちも中で担ぐ」と丸め込まれて旅路は続く。すると駕籠を見た子どもが「駕籠屋の足が四本、中から四本。あれは何て駕籠？」と訊く。すると親父は「あれがほんとの蜘蛛駕籠だ」

【豆知識】「雲助」と「蜘蛛」をかけた落ち。立川談志が病床で最後に演じた噺で、弟子の志の輔も得意とする。

蔵《くら》前《まえ》駕《か》籠《ご》

食い詰め浪人の追いはぎが夜な夜な出没していた江戸末期。ある夜、男が駕籠に乗って吉原へ。ただし追いはぎの用心に着物は座布団の下、然るに男は褌一丁姿で乗っていた。すると蔵前にさしかかったあたりで浪人連中が男の駕籠を取り囲む。一人が駕籠の簾をまくると、中に佇むは褌一丁の色男。追いはぎ浪人は「合点が行った」とばかりにこう言った。

「おお、もう済んだか！」

稽《けい》古《こ》屋《や》

近所のご隠居に唄の稽古を勧められた喜六。清元（浄瑠璃の一種）の稽古に励んだはいいが、やさしいお題にもまるで節をつけられず、傍から見ればただの棒読み。「なかなか難しいもんだ」と嘆く喜六に「家の屋根にでも登って大きな声で稽古なさい」と師匠。ところがその晩、喜六が大屋根に登って「煙が立つぅ〜」と清元を唸り始めるや「どこが火事なんだ！」と近所連中が騒ぎ始め……。

孝《こう》行《こう》糖《とう》

頭は弱いが大の親孝行と評判の与太郎。ある日、その徳でお奉行様から頂戴した褒美を元手に飴売りを始めた。すると近所衆は繁盛を願って「孝行糖」と名付け、売り口上まで授けてくれた。馬鹿の一つ覚えとはよく言ったもので口上は中々の出来。飴も子が親孝行になると飛ぶように売れた。そんなある日、与太郎が毎度の如く「孝行とぅ〜、孝行とぅ〜」と界隈を流していると、屋敷の門番から「うるさい」と咎められた挙句、ついには六尺棒で殴られ……。

【豆知識】四代目三遊亭金馬が三代目から引き継いだ噺。後の演じ手が少ない中、柳家喬太郎の一席が光る。

強《ごう》情《じょう》灸《きゅう》

ある強情者の男が、これまた強情者で鳴らす連れから武勇伝を聞いていた。何でも近所でも飛び切り熱くて効くという灸屋に行って、一つでも熱くて飛び上がる灸を都合三六個も据えたとか。負けじと連れと灸屋に向かった男は艾をてんこ盛りにして涼しい顔。ところが程なく、顔を真っ赤にして「石川五右衛門なんざ油の釜に……」とやせ我慢。意地でも「熱い」と言わない了見を見透かした連れが「石川五右衛門が何だって？」と意地悪く尋ねると、男は……。

【豆知識】表情と仕草の巧みさが見どころの風刺噺。五代目志ん生と五代目小さんが「双璧」といわれた演目。

鴻池《こうのいけ》の犬《いぬ》

大坂船場。ある日、情に篤い商家の旦那が店前に捨てられた三匹の犬を見つける。不憫に思って飼うことを決めると、程なく一人の男が三匹のうち黒犬を譲り受けたいと申し出る。実はこの男、江戸の豪商・鴻池善右衛門の手代。後日酒や反物と引き替えに黒犬を立派な輿に乗せて引き取って行った。邸ですくすく育った黒犬は、やがて近所の犬から「鴻池の大将」と呼ばれるようになり……。

甲府い《こうふ》

早くに両親を亡くした甲府育ちの善吉。一旗あげて育ての親に恩返しようと上京するも、着いたその日に財布をすられ、挙句に腹の減りに耐えかねて豆腐屋のおからに手をつけてしまう。ところが幸い、善吉の不運に同情した主人が善吉を雇い入れ、その器量を見て取るや、ついには婿養子として迎えてくれた。そして精を出して働くうちに一〇年の月日が流れ、善吉は妻とともに両親の墓参りを兼ねて里帰りに出ることとなった……。

紺屋高尾《こうやたかお》

神田紺屋町の染物屋の職人・久蔵が恋煩いで寝込んでしまった。聞けば相手は吉原で遊んだ折に道で見かけた花魁の最高峰・高尾太夫。見かねた主人の吉兵衛が「あと三年働いて九両貯めろ。そこに俺が一両足せば買えるだろう」と慰めるや、久蔵は一念発起。ついに高尾太夫と褥をともにする日を迎えた。すると二人は相愛の仲となったばかりか、養子となって染物屋を継ぐことに。するとなぜか店には、あることを目当てに男連中が押しかけるように……。

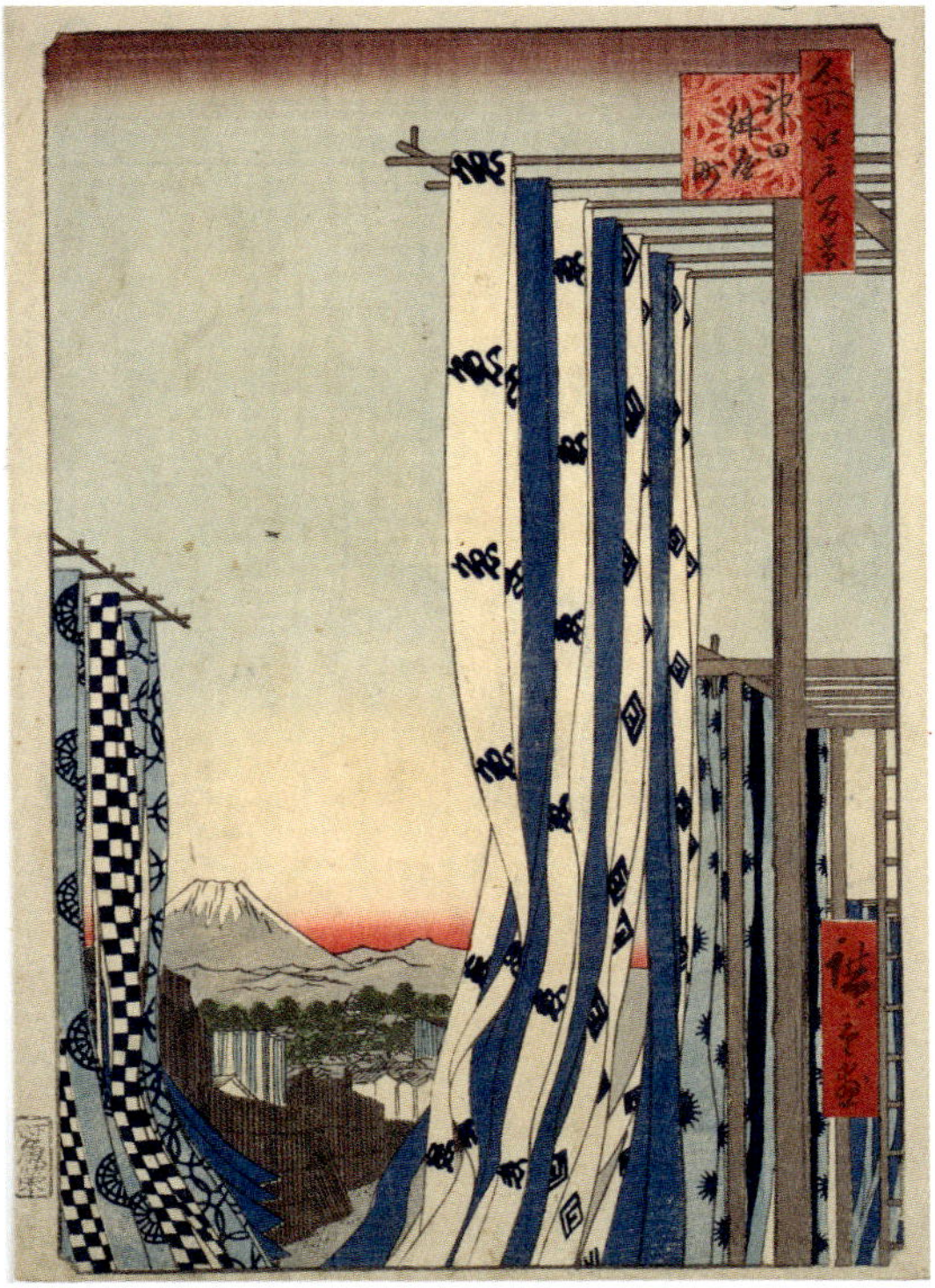

紺屋高尾　『名所江戸百景　神田紺屋町』広重作。翻る藍染めの浴衣地の遠景に富士山が見える。神田紺屋町は久蔵のような藍染めの職人たちの住む町だった。神田紺屋町の町名は東京都千代田区に現存する。

【豆知識】立川談志の得意ネタとしても知られる人情噺。立川志の輔、談春、柳家花緑などが持ちネタに。艶っぽい落ちを付ける噺家も。

高野違い《こうやちがい》

大家に「和歌も知らないのか」と馬鹿にされた鳶頭。怒りに発して百人一首の上っ面をなぞり、大家の家にとって返す。そこで大家が「わすれても汲みやしつらむ旅人の『たかの(高野)』の奥の玉川の水」という空海上人の一首を諳《そら》んじるや、「『たかの』じゃない『こうや』ってんだ」と、してやったりの鳶頭。ところが大家に「歌の道では『たかの』と読むのだ」とあっさり返り討ちを喰らい……。

黄金餅《こがねもち》

下谷の裏長屋に西念というケチな坊主がいた。ある日のこと、隣の金兵衛が体を壊した西念を見舞いに。すると「あんころ餅が食べたい」とせがまれ、金兵衛が買ってくると、なぜか西念は「帰れ」と言う。後でこっそり金兵衛が覗いてみると、西念が金貨を餅に詰めて丸飲みするも、途端に西念が苦しみ始めてそのままお陀仏の体。金兵衛は唖然とするも、すぐに西念の腹の中にある金が気になり始めた。すぐさま亡骸を焼き場に運び、隠亡(火葬人)に「腹は生焼けに」と言い含めたが……。

【豆知識】道中の様子を早口でまくしたてる

「道中づけ」の代表格で手がける噺家も多い。陰惨な描写が特徴。

小言幸兵衛《こごとこうべえ》

長屋の大家の幸兵衛。小言が生きがいのような男で、界隈で「小言幸兵衛」と呼ばれていた。店賃（家賃）が命脈なくせに、表の貸し店を借りたいと言えば「口のきき方が気に入らない」と散々小言を浴びせて追っ払い、腰の低い若い男が来ても、独り身だと聞いた途端に「若い娘と不始末を起こして心中されたら大変だ」と、これまた追い返す始末。そんな折、今度はやけに威勢のいい男がやってきて「やい、あの薄汚ねぇ店を借りてやる」とまくし立てるや……。

【豆知識】上方落語の『借家借り』が原典。当代柳家小三治の得意ネタで、上方では三代目桂南光の十八番に。

小言念仏《こごとねんぶつ》

ここの家の親父は仏壇に向かって念仏を唱えるのが毎朝の習わし。ところが近頃、読経に慣れたはいいが、余裕が出た分、気が散って「飯が焦げてる、ナンマンダァブ……」などと念仏を唱えながら小言を言ったり、「花に水やれ、ナンマンダァブ……」と用事を言いつけるように。そしてある日、どじょう鍋が食いたくてたまらなくなり、片手間の念仏を唱えながら女房に指図をし始め……。

後生鰻《ごしょううなぎ》

ある日、殺生嫌いのご隠居が鰻屋を通りかかると、俎板に乗った鰻が今にも錐で刺される頃合い。慌てて制すも、鰻屋とてこれが生業。やむなく鰻を二円で買い取って、川べりからポチャンと投げ込んだ。以来、来る日も来る日も「功徳」は繰り返され、おかげで鰻屋はぼろ儲け。同業者からは「隠居つきで店を売れ」と冗談が飛ぶ始末。ところが鰻の仕入れがないある日、ご隠居の姿を見た鰻屋は、ヤケになって赤ん坊を俎板に乗せて繕った。するとご隠居は……。

【豆知識】戦時中は落ちが問題視されて「禁演落語」となった噺。近時では東の桂歌丸、西の桂文珍が双璧。

碁泥《ごどろ》

碁仇同士の男二人。熱中しすぎて煙草の火で畳を焦がすほどの碁狂いで、奥方からは〝分煙〟を申し渡されている。ところがついつい夢中になって「おい煙草！」とやったものだから、奥方は怒って外へ出てしまった。すると入れ替わりに来たのが一人の泥棒。奥から何やら「パチッ」と音がするので、これまた碁狂いの泥棒は仕事を忘れて対局観戦と洒落こむ。片割れが「お前さん誰だい、パチッ」と尋ねると、泥棒が「へぇ、あたしゃ……」

【豆知識】『笠碁』とともに〝碁噺〟の代表的な演目。下げの間合いは『小言念仏』を彷彿させる。五代目小さんのほか、六代目春風亭柳橋の一席も有名。

五人廻し《ごにんまわし》

江戸の遊郭では「廻し」といって、一晩に何人もの相手をするのが常だった。ある夜も、売れっ子の喜瀬川が五人を掛け持ちする手筈だったが、なぜかお大尽の座敷に入り浸ったまま。客の文句を申し付かる「妓夫太郎（牛太郎）」の喜助には他の四人から罵詈雑言の雨あられ。困った喜助が喜瀬川を諭すと、お大尽は「オラが四人分出すべぇ」と言って喜助を追い払う。ところが喜瀬川が「もう一円はずんどくれ」と言い出して……。

【豆知識】多くの廓噺を仕立て上げた初代柳家小せんの代表作。五人の客の演じ分け方で技量が試される演目。若手では春風亭一之輔などが高座に掛ける。

子《こ》ほめ

隠居のところに〝タダ酒〟があると聞いた八五郎だったが、行ってみるとこれが「タダの酒」ならぬ「灘の酒」。食い下がる八五郎に隠居は「こういう時は、世辞の一つも言うもんだ」と言い、たとえば赤ん坊なら人相を見て「ご隠居に似て長命の相が見えますな」といった要領だと諭す。八五郎はさっそく赤ん坊のいる仲間の家に行くも、のっけから「ご隠居さんに『強命丸（＝精力剤）』を飲ませましたな」と、あられもない間違いを犯し……。

【豆知識】 オウム返しネタの典型で、笑いどころが多いため前座噺としても重宝されるが、三代目桂春團治や八代目春風亭柳枝らの芸は絶品。

小間物屋政談《こまものやせいだん》

江戸は京橋の長屋に住む小間物屋・相生屋小四郎が、上方に仕入れの旅に出た。道中、江戸一の小間物屋の主人・若狭屋甚兵衛に出くわすが、追いはぎに遭ったと聞いて、小四郎は着物一式と金一両、書付を渡して上方への旅を続けた。ところが若狭屋はその帰路、小田原で客死。さらに悪いことに、着物と書付から甚兵衛は小四郎と見紛われる。すると間違って後家になってしまった女房は小四郎の従兄弟と結婚してしまい……。

子別《こわか》れ

神田は竪大工町に住む大工の熊五郎は、腕は立つが、大酒呑みの遊び人。ついに女房も愛想を尽かし、倅の亀坊もろとも家を出た。これを機に改心した熊五郎は、酒を断って身を持ち直し、三年後、偶然に亀坊と再会する。聞けば女房は仕立て物で、細々と暮らしを立てる日々。熊五郎は亀坊にそっと五〇銭を渡し「明日、鰻を食わせてやる。おっかさんには内緒だぞ」と言って亀坊を帰すも……。

権助魚《ごんすけざかな》

旦那が外に女を囲っていると勘付いた女将。ある日、使用人の権助に五〇銭を掴ませて、お供のついでに事情を探らせることに。ところが敵もさるもの。権助の妙な様子を見て取った旦那は三〇銭であっさりと寝返らせる。さらに事細かに嘘の行程を権助に吹き込み、五〇銭を渡して「これで川魚を買って、旦那と網打ちで獲ったと言え」と締めの一言。ところが権助は海魚ばかりを買い求めてしまい……。

【豆知識】 代表的な悋気（＝嫉妬）噺の一つ。近時では春風亭昇太、古今亭菊之丞が得意とする。終盤、権助が女将にいけしゃあしゃあと嘘の行程を事細かく話す場面が聞きどころ。

権助芝居《ごんすけしばい》

町内で素人芝居を催すことになったが、伊勢屋の若旦那が役が気に入らないと出てこない。世話役の番頭は、やむなく飯炊きの権助に五〇銭を渡して代役に立てる。権助演じるは「有職鎌倉山の泥棒権平」。悪人の頼みで盗みに入った挙句に捕えられ、口を割ろうとすると悪人に首を刎ねられるという散々な役回りだ。おまけに長い台詞や小難しい言い回しがてんこ盛りで、権助にはちと荷が重い代物。そして案の定……。

【豆知識】 五代目三遊亭圓楽や七代目立川談志、近時では六代目三遊亭圓窓や四代目柳亭市馬など。『鎌倉山』『素人芝居』など別題あり。

権助提灯《ごんすけちょうちん》

ある金持ちの旦那のお内儀さん（本妻）と妾は、お互い面目を立て合う間柄。ある暮れの風が強い晩。「火事が心配だから、男手のない向こうさんに泊まっておあげなさい」とお内儀さんに言われた亭主は、さっそく妾宅へと向かう。ところが妾は「それではお内儀さんに失礼だ」と亭主を本宅に送り返す。されどもお内儀さんも「それでは示しがつかない」とこれまた譲らない。そうこうしているうちに……。

蒟蒻問答《こんにゃくもんどう》

村の世話役を務める蒟蒻屋の六兵衛。村の衆が「荒れた古寺を何とかしろ」とぼやくので、居候の八五郎を坊主にでっち上げた。程なくして「問答を願いたい」と旅僧が来たので、困った六兵衛が和尚を装って「無言の行」で旅僧を追い返すことに。果たして問答は始まり、旅僧が無言のまま小さな所作を繰り出すや、六兵衛がすかさず無言で大きな所作を返す、そんな珍問答が続いた果てに……。

権兵衛狸《ごんべえたぬき》

とある田舎に百姓の傍ら髪結床を営む権兵衛という男がいた。ある夜、「権兵衛、権兵衛」と呼びながら表の戸を叩く音。表に出るも〝主〟の姿は見えない。程なくして再び「権兵衛……」の声がするも、やはり誰もいない。そしてまたぞろ声がしたところで、勢いよく引戸を開けると、茶毛の狸が不意を突かれて転がり込んだ。鍋にしてやろうかとも思ったが、ちょうどその日は親父の祥月命日。権兵衛は罰として頭の毛を剃っただけで許してやったが……。

【豆知識】上方にも移植されて二代目桂枝雀らが十八番とした演目。「祥月命日」とは一周忌以後の当月の命日。

さ

西行《さいぎょう》

遍歴の歌人・西行法師が「憲清」という名の武士だった頃の話。憲清は染殿后の内侍（＝女官）に恋慕の情を抱く。内侍もその情を知り、ある日「……三世（三夜）過ぎて後……西方弥陀の浄土（阿弥陀堂）で我を待つべし……」との歌を寄越す。果して褥をともにした翌朝、憲清が次の逢瀬を尋ねるや「阿漕《あこぎ》（しつこくて欲深い）であろう」と内侍。が、憲清は「阿漕」の意味がわからない。歌を詠む者としての矜持を失った憲清は西行と改名して出家。歌の修行の旅に出てしまった……。

【豆知識】当代三遊亭圓楽の得意ネタ。笑福亭鶴光の十八番。『西行鼓ヶ滝』は出家後の噺で、自信作をじいさんやばあさん、孫娘までに手直しされてしまう筋。

盃《さかずき》の殿様《とのさま》

気の病を患ったさる大名家の殿様が、養生に吉原の花魁を見たいと言い出した。そこで花扇という花魁に惚れた殿様は、以来足しげく通い、病も治ってしまう。そして一年。国元へと戻っていた殿様は、ふと花扇が恋しくなり、情の証として酒と大盃を飛脚に託す。片や花扇はその大盃の酒を飲み干し「お殿様によろしく」と盃を託したが、戻る道中でその話にいたく感じ入る大名と出くわす。そして国元の殿様にその大名もまた盃を空にしたことを伝えると……。

【豆知識】二代目柳家小さん（禽語楼）の速記をもとに六代目三遊亭圓生が磨き上げた十八番。別題『月の盃』。

佐々木政談《ささきせいだん》

南町奉行所の奉行・佐々木信濃守が町を見回っていると「奉行ごっこ」に出くわした。奉行役は四郎吉という小僧で、小賢しい理屈で罪人役を追い詰める中々の名奉行ぶり。するとなぜか信濃守は、後日小僧を奉行所に引き出して「調べ」と称して謎かけを吹っかけはじめる。ところが敵もさるもの。「父母いずれが好きか」と尋ねると、饅頭を割って「どっちがうまいか」とやり返す。そして最後に「衝立の絵の仙人は何を喋っているか」と問われるや……。

【豆知識】六代目三遊亭圓生の巧みな声色の演じ分けが語り草に。上方でも六代目笑福亭松喬の珠玉の一席が記憶に残る。別題『佐々木裁き』。三代目三遊亭金馬は『池田大助』で演じた。

真田小僧《さなだこぞう》

ある長屋の夫婦にはすこぶる悪賢い息子がいた。先だって父親が小遣いを渋った時など「おっかさんが吉兵衛さんと……」と仄めかして、先を急かす父親に「もう一銭、もう一銭」と話を小出しにした挙句、「屁をこきました」と落ちをつける有様。そんなある日、真田幸村が天目山の戦いで敵の旗印の「六文銭」の旗を立てて、同士討ちを誘った話をしていたら「その六文銭って何？」と息子が訊くので見せてやると、幸村どころか石川五右衛門よろしく……。

【豆知識】上方の『六文銭』を三代目柳家小さんが東京に移植。前座での口演が多いが、名人衆にも好まれた。

皿屋敷《さらやしき》

「青山鉄山という武家が腰元のお菊に横惚れしていたが、当のお菊は承知しない。鉄山は意趣返しに、お菊に預けた一〇枚揃いの「葵の皿」を一枚隠したうえでお菊に数えさせ、「一枚足らんではないか」と咎め、殺した挙句に亡骸を井戸に投げた。以来毎晩、皿を数えるお菊の幽霊が出、気が振れた鉄山は自害した……」。そんな話をご隠居から聞いた男連中がお菊の幽霊を見物に行くことに。ご隠居からは「お菊が九枚数える前に去らないと命をとられるぞ」とのご教示。ところが……。

【豆知識】六代目三遊亭圓生が得意とし、近時は春風亭小朝が代表格。上方では主に米朝、春團治一門で伝承。

猿《さる》後《ご》家《け》

ある大店の後家さんは顔が猿と瓜二つ。無論店では「さる」の二文字はご法度。ところがある日、出入りの源さんが東京見物の土産話を始めたところ、端から「雷門を抜けると、そこで猿回しが……」とやり、あえなく出入り禁止。番頭から入れ知恵をされた源さんは「猿回しでなく皿回しでして……」などと申し開き、さらには「おかみさんは小野小町か静御前か……」とヨイショで駄目押し。めでたく奏効して禁を解かれたものの……。

【豆知識】上方落語の名作。特に五代目桂文枝の一席が絶品で、近時では桂文珍、桂雀々なども演じる。東では当代柳家小三治と立川志の輔が代表格。

皿屋敷　『百物語　さらやしき』葛飾北斎作。髪で皿が引きずり出されている。

三軒長屋《さんげんながや》

高利貸しの伊勢屋勘右衛門が三軒長屋に囲っている妾が「両隣が騒々しいから追い出しとくれ」とぼやいていると聞きつけた両隣の鳶頭と剣術の師範が、怒りに発して意趣返しをすることと相成った。まず、師範が伊勢屋に「越すことにしたが貯えがない。そこで今の長屋で千本試合を催したいが、首の二つや三つ……」と切り出して伊勢屋を慌てさせ、次に鳶頭がやって来て、資金集めの賭場を開くと告げた。勘右衛門が「お前さん方、どこへ越すんだい？」と訝しげに尋ねると……。

【豆知識】上下に分けたり、リレーされることが多い大ネタ。山場を増やして笑いどころ満載の筋に仕上げた五代目古今亭志ん生などの口演が有名。

山号寺号《さんごうじごう》

ある若旦那が浅草寺に出かける途中、馴染みの幇間・一八と出くわした。一八が「どちらへ？」と聞くや「観音様だ」と若旦那。すると一八は「あすこは金竜山浅草寺と言います。これは『山号寺号』と言い……」などと講釈を垂れる。気を悪くした若旦那は「ここは下谷の黒門町だが、これにも『山号寺号』とやらがあんのか？」と意地を張り、「端から言ってみろ」と詰め寄ったところ……。

三十石《さんじっこく》

江戸から出てきた兄弟分の喜六と清八。伊勢参りを済ませて、京に周り、伏見で三〇石積みの舟に乗り込んだ。ところが舟はすし詰め、その上売り子が並べ立てる乱暴な口上に江戸っ子の二人はげんなり。そして舟の上で「……とかけて……と解く」なる〝謎かけ〟が始まるや、見つけたのが頭のない男。と思ったら細長い首がついていて世に言う「ろくろ首」。「便利な首だね」と話しかけてみると……。

三人旅《さんにんたび》

無尽（金融取引の一種）で当ててぼろ儲けをした男は、仲間二人と上方に三人旅の真っ最中。ある日の夕暮時、一行が宿を決める段になって、一人が近くに故ある旅籠があるから、一人で泊まると言い出した。そこは旧年、大山詣での帰りに、懇意にしていた女と再会した旅籠らしい。続けざまに夜這いをかけたのろけ話をひとしきり。ところがよくよく聞くと、その夜は酔いつぶれてしまい……。

三人無筆《さんにんむひつ》

熊五郎と源兵衛が、出入り先の伊勢屋のご隠居の葬式で帳付け（記帳）の役目を仰せつかった。ところが片方の熊五郎は無筆で字が書けず、かといって断れば商売に障りがある。そこで朝早く寺に行って、雑多な用事を全部済ませ、代わりにと源兵衛に帳付けを頼むことに。ところが翌朝、寺に着くと源兵衛も無筆で同じことを考え、先に雑事を済ませていた。さらに悪いことに、そこに無筆の客がやって来て……。

三年目《さんねんめ》

ある男の最愛の女房が死の床にいた。女房が「あなたが後添えを迎えると思うと心残りだ」と言うと、亭主は「そうなったら婚礼の夜に化けて出ておいで」と返したが、女房は「ではその夜、八ツの鐘を合図に……」と言い遺して逝った。亭主は女房に髪剃（頭髪を剃ること）をして葬ったが、喪が明けた途端に舞い込む縁談の山に辟易とし、結局後妻を迎える。ところが婚礼の晩、先妻はなぜか化けて出なかった……。

【豆知識】葬送の際の髪剃は、僧形になる事で極楽往生するという仏教の信仰から。上方では『茶漬幽霊』とも。老若問わず演じ手の多い噺。

三方一両損《さんぽういちりょうぞん》

ある日、神田白壁町に住む左官の金太郎が財布を拾った。中を改めると、神田堅大工町の大工・熊五郎の名が入った書付と印形、そして三両の銭が入っていた。さっそく熊五郎に届けるも、偏屈者の熊五郎は「印形と書付は受け取るが、金は俺を嫌って出て行った。受け取れねぇ」と言って聞かない。すると二人の押し問答は、取っ組み合いの喧嘩になってしまい、見かねた大家の取り成しで、名奉行・大岡越前守に双方の言い分を吟味願うことになった……。

【豆知識】講談種の〝大岡政談もの〟の代表格。往時は三笑亭夢楽、近時は立川志の輔の得意ネタとして有名。

三枚起請《さんまいきしょう》

花魁の小照に入れあげてろくに帰らない半公。倅を案じた親父が近所の棟梁に諫言を頼むも、半公は結婚の誓いをしたと、小照が書いた起請文（証文）を見せる。ここで驚いたのが棟梁。実は棟梁も同じ起請文を貰ったという。さらにその場に、これまた同じ起請文を持つ男到来。魂胆を察した男たちは廓へ行き、熊野三山の八咫烏《やたがらす》（熊野権現の使い）の神話を引いて「地獄に落ちるぞ」と問い詰めたが……。

【豆知識】上方発祥の演目。噺の中で出てくる「年季」は花魁の引退年齢（二七歳前後）で、「年季が明けたら夫婦に」は花魁の殺し文句の定番。

鹿政談《しかせいだん》

奈良は興福寺東門前町に、正直者で評判の豆腐屋・六兵衛がいた。ある日、六兵衛は店の表で大きな赤犬が桶の「きらず（おから）」を食っているのを見つけた。追い払ったが犬は怯まず、我を忘れて「大事な商売物を……」と薪を投げるや、当たり所が悪かったのか、犬はあっさりお陀仏……。ところがそれは春日大社の神鹿で、無論殺生はご法度。六兵衛は捕らわれの身となったが、吟味した名奉行・根岸肥前守は「〝きらず〟にやるぞ」と赦しを申し渡し……。

【豆知識】上方発祥の講釈種、〝お裁きもの〟の名作。「昔圓生、今米朝」と評された両名人の珠玉の十八番だが、今や米朝も鬼籍に。

地獄八景《じごくばっけい》

それを飲めば一時間以内で好きなところへ行けるという「旅行薬」をご隠居から譲り受けた

源兵衛と八五郎。地獄旅行と洒落こんで、着いた先は〝閻魔大王の庁〟。中に進んでみると「本来は針の山に送るところなれども、閻魔大王の誕生日ゆえに罪一等を減じた「人呑鬼《じんどんき》に呑ませる」という何とも慈悲深いお裁き。ところが二人が腹の中で大暴れしたせいで、人呑鬼はたまらず腹を下してしまい……。

【豆知識】 上方の大ネタ『地獄八景亡者戯』を初代三遊亭圓遊が改作した噺だが、現在は演じ手が皆無に近い。片や『地獄八景亡者戯』は、その名手だった三代目桂米朝亡き後も一門にて健在。

蜆売《しじみう》り

船宿で酒を飲んでいた次郎吉が、蜆売りの幼い小僧を憐れんで声をかけた。聞けば小僧には姉さんがおり、問屋の若旦那と駆け落ちしたが、旅先でだまされて一〇〇両の大金を失ったという。さらに、その話に同情した隣の部屋の男からもらった五〇両を市中で使ったところ、刻印から金蔵破りの小判とわかり、あえなく御用。姉は心労で病に倒れ、それゆえの蜆売りだという。それを聞いて次郎吉はハッとする。その金は次郎吉の裏の正体「ねずみ小僧」が盗んだ金だったのだ……。

【豆知識】 鼠小僧次郎吉の伝説を描いた講談『長編白浪』の一部を落語に仕立てた演目。元々は人情噺だが、上方落語では地口落ちの下げも演じられる。

四宿《ししゅく》の屁《へ》

時に屁は宿場町を写す歳時記。品川宿で花魁が放ったのは「音無しの屁」。不浄の香りを手で扇いで「帆掛け船さ」とごまかすも、「肥船じゃないかい?」と客。新宿では花魁が腰を上げた途端に「プッ」。濡れ衣を被った若い衆が祝儀を貰うと、途端に屁の主の花魁が「半分はあたしのだよ」ときた。板橋宿では小職(見習い)が酌をした途端に「プゥッ」。殿《しんがり》の千住宿では、待ちに待ってようやくやって来る気配に狸寝入りする客の枕元で花魁が一発。四宿の夜はこうして更けていく……。

【豆知識】「逃げ噺」として好まれる一席物(小噺集)の代表格。「四宿」とは五街道の最初にある四つの宿場町。

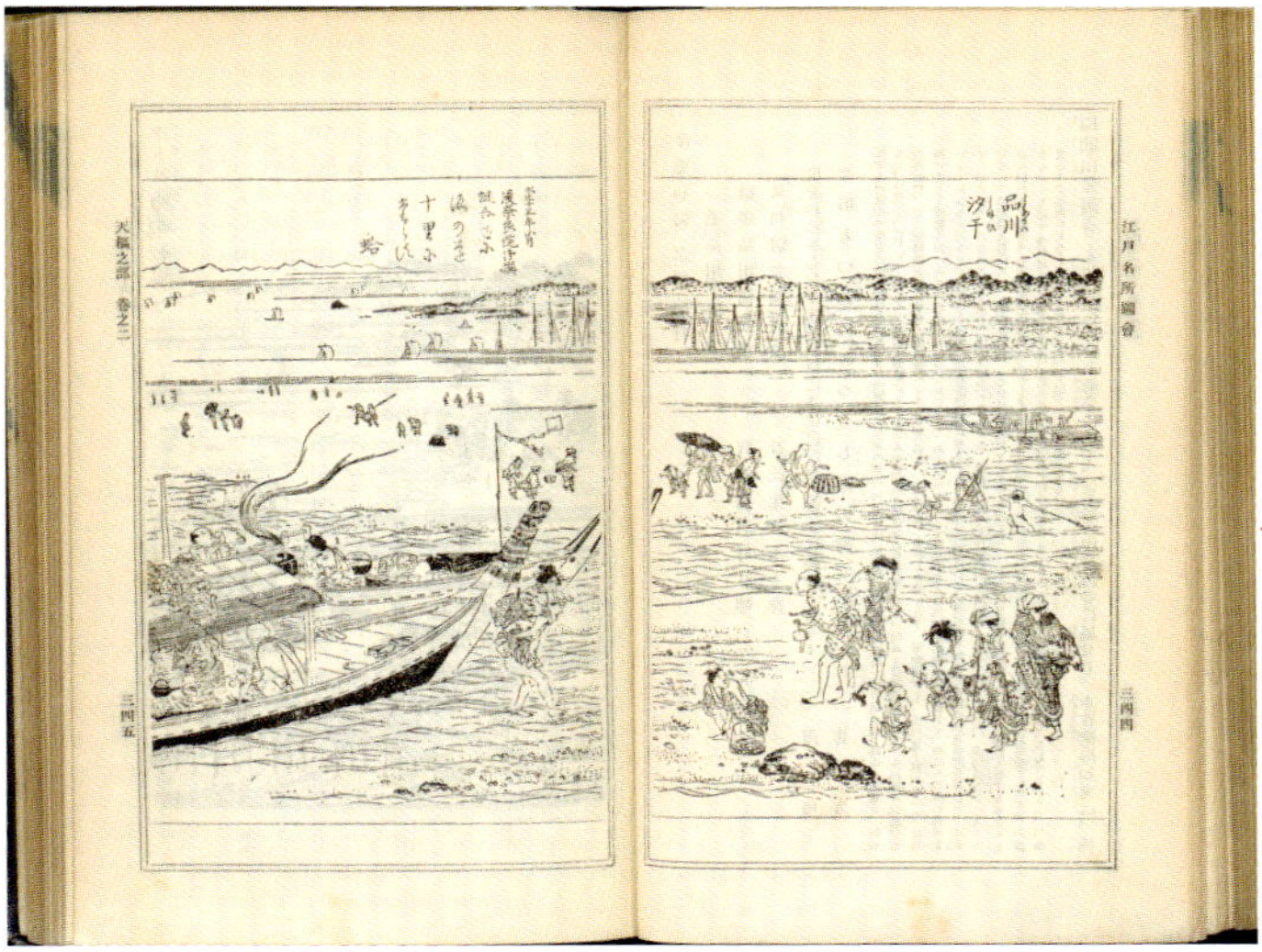

四宿の屁 『江戸名所図会　品川汐干』。前景に潮干狩りを楽しむ人々がいて、背景にはたくさんの帆掛け船が描かれている。

紫檀楼古木《したんろうふるき》

羅宇屋（煙管=キセルの修理屋）が「らおや〜、きせる〜」と発しながら町内を流していた。すると金持ちの町家の使用人が煙管を持ってやって来た。ところが使用人は羅宇屋の汚い身なりを見るや、あけすけに蔑み始める。「これも稼業」とやり過ごしていた羅宇屋だが、帰りしなにある狂歌を詠んだ。この羅宇屋が狂歌の宗匠・紫檀楼古木その人だと知れるのは、その後の話。

七段目《しちだんめ》

ある商家の若旦那は無類の芝居好き。今日も帰って来るなり忠臣蔵『三段目』の真似事をし、二階に戻るや「とざい、とーざーい」と叫ぶ始末。困り果てた大旦那、丁稚の定吉に「静かにさせろ」と命じるも、若旦那相手に『忠臣蔵』の七段目に興じる始末。ところが凝り性の若旦那が本身の刀を持ち出すや、恐怖にかられた定吉が階段から真っ逆さま。駆けつけた大旦那が「てっぺんから落ちたか！」と訊くや定吉は……。

【豆知識】 歌舞伎『仮名手本忠臣蔵』の「七段目」を引いた滑稽噺。ちなみに二段目は『芝居風呂』、三段目は『質屋芝居』で引用されている。

十徳《じっとく》

物知りだと自惚れている八五郎。ある日の床屋談義で「ご隠居の着物は何という名か」という話になった。どうしても「知らぬ」と言えない八五郎は、慌てて当の本人に教示を請う。ご隠居は「茶人や俳人がよく着る『十徳』だ」と答えたものの、名の由来までは知らない。そこで「衣の如く（五徳）、羽織の如く（五徳）、五徳、五徳のあわせて『十徳』だ」と、その場しのぎのいい加減な理屈をつける。それを真に受けた八五郎はすぐさま床屋に戻り、得意満面で「衣のようだ（四だ）、羽織のようだ（四だ）、あわせて『やだ』」

【豆知識】 「十徳」の語源は平生僧衣「直綴《じきとつ》」が有力。江戸期には僧侶や医師などの正装として着用された。上方では五代目笑福亭松鶴の十八番だったことから〝笑福亭のお家芸〟とも。

品川心中《しながわしんじゅう》

品川の花魁・お染。板頭（筆頭格の花魁）を張っているが、盛りがすぎて、近頃は客のつきも今一つ。紋日（元日などの特別な日）向けに新しい着物を仕立てたいが、金の工面も覚束ない。ついに「生き恥を晒すくらいなら、心中して浮名を流そう」と思い詰めたお染は、道連れの男を選り、桟橋に呼び出した。先に海に飛び込んだのは男の方。ところが当のお染は、廓の若い衆が「金ができた」と知らせに来るや、身を翻し……。

【豆知識】 大看板の大半が手がけた三遊派に伝わる長編廓噺の名作。下段があるも演じ手は過去現在ほぼ皆無。

指南書《しなんしょ》

京都の大店の若旦那・清吉は聡明だが悋気（嫉妬）深いのが珠に傷。嫁を娶っても治らず、両親は寺の和尚に頼んで清吉を修行させた。幸い一年ほどで悋気性が影を潜めたが、これに安心したのか、寺の和尚が清吉に『指南書』を遺して大往生する。その後、旅に出た清吉はその『指南書』の教えに事あるごとに救われたが、家に戻ると、女房が誰かと蒲団の中に。清吉は激する心を抑えて……。

死神《しにがみ》

女房に叩き出された盆暗の八五郎。今生への未練を失くしていたところに死神が現れ、「病人を助けて身を立てろ」と言う。「死神が病人の枕元にいればお陀仏だが、足元にいれば呪文で追い払え」と告げた。「呪文」の効果はてきめんで、八五郎はあれよあれよという間に大名医の評判を得る。ところが八五郎は儲けた金で道楽に走り、再び文無しへと堕ちてしまう。そんな折、ある大店から「三〇〇〇両でご隠居を」との知らせ。死神は枕元に鎮座するも、蒲団を半回しして……。

【豆知識】 原典はグリム童話『死神の名付親』、リッチ兄弟の歌劇『クリスピーノと死神』の二説あり。翻案した初代圓朝以降、三遊派伝統の怪談噺に。

芝浜《しばはま》

魚の行商で暮らす勝五郎。腕は立つが無類の酒好きで、商売にも精が出ない。ところがある朝、女房に叩き起こされて不承不承出かけた魚河岸近くの芝の浜辺で、大金が入った財布を拾う。有頂天になった勝五郎は仲間とドンチャン騒ぎ。ところが翌朝になって、その財布が見当たらない。二日酔いの勝五郎に女房はこんこんと説教。勝五郎は意気消沈するも、心機一転、酒を断ち、商売に精を出し、店を構えるまでになった。ところが三年後の晦日の夜、女房は突然に件の財布を差し出して、打ち明け話を始めた……。

【豆知識】年末の寄席には欠かすことのできない珠玉の人情噺。今も昔も錚々たる顔ぶれが競演する演目。

締《し》め込《こ》み

ある泥棒が家人の留守に盗みに入るも、ひと仕事終えた途端に主人がご帰還。慌てた泥棒は風呂敷包みを放り出して床下へ潜るも、露知らぬ主人は風呂敷包みを見た途端、女房が間男への貢の用立てに質入れする算段かと勘繰り、果たして女房と大喧嘩が始まる。口では叶わず鉄瓶を投げる主人。すると煮えたぎった湯が床下に……。たまらず飛び出してきた泥棒はなぜか喧嘩の仲裁を始め……。

借家怪談《しゃくやかいだん》

ある五軒長屋に一つだけある「空家」の札。そこに男がやってきて、空家の隣の家人に「隣を借りたいが大家の家は近くか」と尋ねてきた。「遠い」と答える家人に、男は家賃や諸々のことを質してきた。すると家人は敷金はタダ、裏が墓地で幽霊が出る、それゆえ家賃は十八円……大家から貰えるなどと、与太を並べ立てて男を追っ払ってしまう。実はその空家、長屋の店子たちにとっては……。

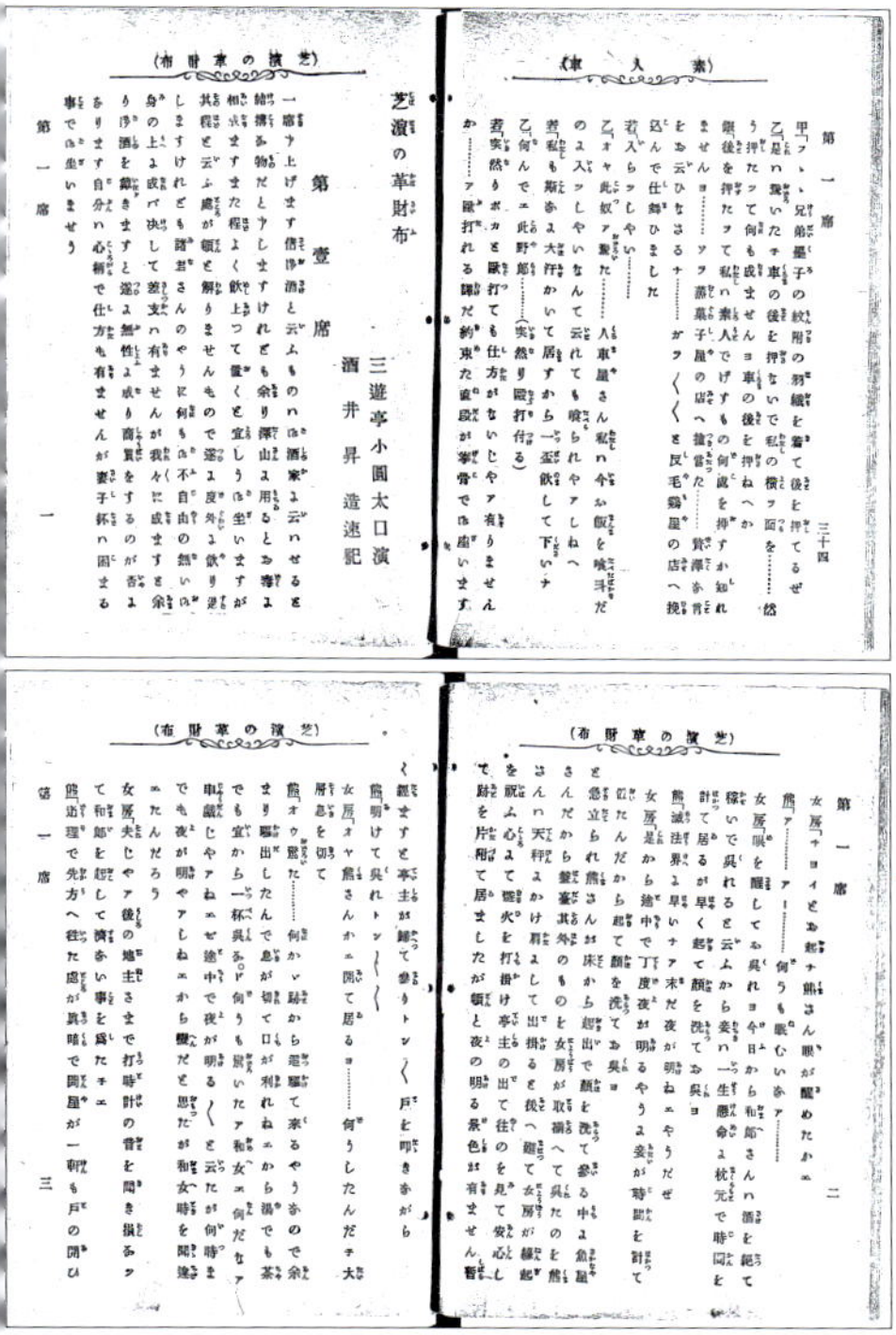
芝濱の革財布

三遊亭小圓太口演

酒井昇造速記

第壹席

芝浜　明治22年（1889）に出版された速記本『流行速記の花』に掲載された「芝浜の革財布」。演者は三代目橘家小圓太（後の二代目三遊亭小圓朝　安政4年［1858］～大正12年［1923］）。約7000字で収録されている。20分前後の口演だったのだろうか。国立国会図書館蔵。

授業中《じゅぎょうちゅう》

ある小学校に転任したズーズー弁丸出しの教師が、生徒にカール・ブッセの『山のあなた』を朗読させていた。最初の生徒こそスラスラと読み上げるも、次の生徒は「山のあなああなあな……」と、かなりの吃音で教師をてこずらせる。さらに酷いのがその次で「十九番、広沢虎造」とかしこまったかと思うと、だみ声で「お粗末ながら……やまのあなたのぉ～」と浪曲の如く唸り始め……。

【豆知識】三代目三遊亭圓歌が歌奴時代に創作した新作落語で「山のあなあな」のフレーズは一世を風靡した。昭和四二年（一九六七）に御前高座で『授業中』を口演。天皇が鑑賞する初めての落語だったという。

寿《じゅ》限《げ》無《む》

あるご隠居が近所から、長男に縁起が良くて長命が望める命名をと頼まれた。ご隠居は仏教の経典やら、何処ぞの王子様の名前やらどれもこれも捨てがたく、練りに練ってついた名前は「寿限無寿限無、五劫の擦り切れ、海砂利水魚の水行末、雲来末、風来末……長久命の長助」と、長命ならぬ〝長名〟に。しかもひどく腕白に育ち、今日は今日で、瘤をこさえた近所の小僧が泣きながらやって来た。ところが「おばさんとこの寿限無寿限無……が」とフルネームを言っているうちに……。

【豆知識】「寿限無」は「寿命が無限」という意。前座噺の代表格だが、三代目桂春團治の寿限無は至高の遺宝とも。

正直清兵衛《しょうじきせいべい》

正直者の清兵衛が、ある日杉酒屋（安酒屋）に財布を置き忘れた。中には娘が「商売の元手に」と密かに身を売って作った金が。すぐさま杉酒屋にとって返したが、主人の忠兵衛はシラを切って清兵衛を追い返す。ところが俄かに「正直清兵衛」が奉行所に行きはしないかと案じた忠兵衛は、後を追いかけて清兵衛を亡き者にしてしまう。その後、忠兵衛は金を元手に商売を広げ、子宝にも恵まれるが、赤子は清兵衛と見紛うばかりの形相で……。

松竹梅《しょうちくばい》

長屋に住む松五郎、竹蔵、梅吉が、「松竹梅」とめでたいと、揃って出入りの店の婚礼に招かれた。すると近所のご隠居から「名前だけでは格好がつかない」と余興を勧められ、「なったぁ、なったぁ、蛇になった、当家の婿殿蛇になった、何の蛇になあられた、ちょう蛇（長者）になぁられたぁ」なるお決まりの言い立てを指南された。ところが婚礼の場になって、竹蔵の後を受けた梅吉が、思わず「なったぁ、なったぁ、亡者になぁられたぁ」とやってしまい……。

【豆知識】 前座噺としても重宝されるが、林家木久扇も得意ネタに。三人三様の演じ分けに技量の優劣が出る。

樟脳玉《しょうのうだま》

女房に先立たれて以来、日々念仏を唱えて暮らす長屋の捻兵衛。ある夜、二人の悪党が捻兵衛が貯め込んだ金と女房が持参した着物に目をつける。そして長太郎玉（樟脳粉で作った玉）を人魂に見立てて捻兵衛の鼻先で振るや「女房が浮かばれないのは、遺した着物に気が残っているからだ」と脅かし、まんまと着物を召し上げた。ところがその帰り道、肝心の金を盗るのを忘れたことに気づいて……。

尻餅《しりもち》

ある大晦日。甲斐性なしの八五郎のせいで、女房は正月支度もままならない有様。女房は「大晦日くらい金を工面して」という意味で「長屋の手前、せめて餅つきの音だけでも」とせっつくも、八五郎は真に受けて女房の尻をペッタンペッタンとやり始めた。近所の手前、渋々芝居に付き合っていた女房だが、尻が腫れて「あと幾臼？」と急かし始めた。「あと二臼」と威勢の良く返す八五郎だが、女房……。

素人鰻《しろうとうなぎ》

時は明治初期。武士を廃業した士族の旦那が、出入りの鰻職人だった〝神田川の金〟に「自分と鰻屋を開こう」と誘われた。腕は立つが酒癖が悪いこの男が相方か……とためらうも、金が酒断ちしたと聞くや、程なく店を開く。ところが店開きの晩に祝い酒を勧めたが最後。金の酒癖が目を覚まし、暴れた挙句にトンズラされる。やむなく自分で鰻を裂くことにした旦那、以来ヌルヌルと逃げる鰻と格闘する羽目に……。

【豆知識】 八代目桂文楽の十八番中の十八番で、近時も当代柳家小三治や桂歌丸など錚々たる名人衆が手がける。『鰻屋』は当演目の改作ネタ。

心眼《しんがん》

ある日、按摩師の梅喜が、血相を変えて浅草馬道の家に帰ってきた。女房のお竹が訳を聞くと、目が不自由な自分を、実の弟が「ごく潰し」と罵ったとか。梅喜は弟を見返すべく薬師様に願掛けに通い、満願成就の日、ついに目が見えるように。さらにその日、梅喜はふとしたことで芸者・小春の恋慕を知る。待合いで逢瀬に及ぶ土壇場で踏み込む女房あり。お竹に胸ぐらを締め上げられ、苦悶の表情で詫びる梅喜だが、その耳に別の方角からお竹の優しい声が……。

【豆知識】 初代三遊亭圓朝が視覚障害者の実弟の体験をもとに創作。柳家さん喬や入船亭扇遊らの持ちネタ。

新聞記事《しんぶんきじ》

抜け作な上に慌て者の八五郎。ある日、ご隠居の家で与太話をしていると、ご隠居が「新聞に天ぷら屋の竹さんが泥棒に殺されたと出ていたぞ」と不意に言う。ところがよくよく聞くと「泥棒はすぐにアゲられた……相手が天ぷら屋だけに」という落ちの小噺。すると八五郎はこの話を誰かにしたくなり、たまらず連れの家へ一目散。もっとも連れは先刻ご承知、しかも話には先があると言い……。

水道《すいどう》のゴム屋《や》

水道やガスのゴム管の訪問販売をする小僧。文字通り「子どもの使い」で、何かにつけてうまくいかない。水道のない家に行っては怒られ、「感心だ」と散々誉めちぎられたはいいが、結局買ってもらえない。首尾よく売れてもガス自殺に使われるといった有様。そしてある日、インテリ風の男の家に行くも「一尺いくら、二尺いくら……」と散々暗算大会みたいな問答をさせられた挙句……。

酢豆腐《すどうふ》

ある夏の暑い盛り。町内の暇な若い衆が暑気払いに一杯やっていた。ところが揃いも揃ってシミったれで肴がない。そこで一人が昨日から釜に入れっぱなしの豆腐を持ってきたが、案の定、酷い腐りよう。すると、そこに日頃から「通」を気取って煙たがられている若旦那の姿。一同、鬱憤晴らしに食わせてしまえと思い立ち、「舶来のもらい物だが何という名か?」と若旦那に尋ねるや、またぞろ知ったかぶりが始まってしまい……。

【豆知識】 筋は上方落語の『ちりとてちん』とほぼ同じ。「酢豆腐」には「知ったかぶり」の意味も。中堅の域を超えつつある古今亭菊之丞の一席が光る。

崇徳院《すとくいん》

ある若旦那。上野でお詣りをした後、お供を連れた娘が落とした茶袱紗《ふくさ》を拾い上げると、目の前に短冊が舞い落ちた。見れば崇徳院が詠んだ恋歌が。するとそして娘は、上の句の短冊だけをそっと渡し、去って行った。以来、若旦那は恋患い。幼馴染の熊さんが娘探しを請け負うも、一向に見つからない。そんな折に鳶頭がやって来て、お得意の大店の娘が、崇徳院の恋歌の短冊を持った男を探していると言い出して……。

【豆知識】 三代目桂三木助や三代目桂米朝など東西名人衆が競演した上方発祥の人情噺。近時では春風亭昇太、五代目桂米團治も持ちネタに。

疝気《せんき》の虫《むし》

ある夜、医者が夢の中で「疝気（シモの病気）の虫」に出会った。聞けば稼業は人間の腹で暴れること。そばは大好物だが唐辛子は大の苦手。腹に入ってきたら「別荘」、すなわち殿方の〝玉々〟に逃げ込むとのこと。目覚めた医者は「いい事を聞いた」と喜び、疝気を患う男の家に往診。そこの女房にそばを食わせるや「疝気の虫」は女房の腹にお引越し。間髪入れず唐辛子を舐めさせてみると……。

千両蜜柑《せんりょうみかん》

夏の盛り。大店の若旦那が気の病で床に臥せていた。大旦那から「悩みの訳を聞いて来い」と承った番頭に「みかんが食べたい……」と若旦那。「夏の盛りにあるものか!」と大旦那は呆れるも、問屋の蔵から一つだけみかんが見つかった。足元を見た問屋の主人が「一個一〇〇〇両」と吹っかけたが、言い値で買い取る大旦那。皮の中には十房の実。一房一〇〇両の計算だ。七房食べた若旦那は残った三房を番頭に預ける。すると間を置かずして、番頭が店からトンズラした……。

【豆知識】 上方発祥。みかんの単位は東京は「房」、上方が「袋」と変化。番頭の右往左往ぶりが聞きどころ。

粗忽長屋　八公や熊公が暮らす長屋の入り口。『柳髪新話浮世床』式亭三馬作。正確にはその立地から裏長屋と呼ばれた。入り口には住民の名前、自宅で仕事をする占い師や鍼灸師、稽古屋などの看板が掲げられている。国立国会図書館蔵。

宗珉《そうみん》の滝《たき》

ある旅籠に装剣金工の匠・横谷宗珉から破門を受けた宗三郎という男が泊まっていた。ところが無類の酒好きが祟って路銀を使い果たし、宿賃さえ払えない有様。そこで宿賃代わりに虎の彫金を彫ると、これが紀州侯の家臣の目に留まり、紀州侯から「刀の鍔《つば》に紀州那智の滝を彫れ」とのお達し。もっとも、これに慢心した宗三郎、酒を呷りながらの「お勤め」ゆえか「滝が流れていない」と二度も突き返され……。

粗忽長屋《そこつながや》

長屋に住む粗忽者の八公。ある朝、日課の浅草寺詣でに出かけると、同じ長屋の兄弟分、熊公にそっくりな行き倒れに出くわした。ところが何を思ったか、八公は長屋に取って返し、「やい熊、てめぇが死んでるのによくのんびり寝てられるな！」と熊公を叩き起こす。八公が八公なら熊公も熊公。わが身かわいさに寺へ行き、己の亡骸を抱き上げる始末。すると熊公が「抱かれてんのは確かに俺だが、抱いてる俺は……？」

【豆知識】　代々の小さんが受け継いだ柳派一門のお家芸とされる噺。早々に落ちの察しがつくため、技量の優劣が目立つ噺家泣かせのネタである。

粗忽《そこつ》の釘《くぎ》

粗忽者の大工の亭主としっかり者の女房がお引っ越し。「任せとけ」と粋がる亭主だが、家財一切を背負って動けないわ、荷物を柱に括りつけて担ぐわと、例によっててんやわんや。そしてやっとの思いで新居に着くや、「箒《ほうき》を柱に掛けるから釘を打っとくれ」と女房が催促。亭主はまたぞろ調子に乗って、柱でなしに、壁に八寸釘を打ちつける。挙句に打ち込んだ釘はお隣さんの仏壇の中。その上、呆れついでにお隣さんが家族構成を尋ねた途端、親を旧宅に残してきたことに思い当たり……。

【豆知識】　〝粗忽噺〟の代表格の一つ。笑いどころ満載の大ネタゆえ、省略がしやすい噺。上方では『宿替え』。

粗忽《そこつ》の使者

杉平柾目正《まさめのしょう》という大名に地武太治部右衛門《じぶたじぶえもん》という家臣がいた。稀代の粗忽者だが「そこが面白い」と気に入られていた。ある日、赤井御門守《あかいごもんのかみ》の屋敷に使いに出た治部右衛門だが、家老と相対した途端「口上を忘れた」ときた。「尻を捻ってくれれば思い出す」というので、家老が出入りの大工・留っこを呼んで釘抜きで捻ってやると「思い出したでござる」と治部右衛門。ところが「口上は？」と家老が質すや……。

そば清《せい》

旅商人で清兵衛は「そば清」とあだ名されるほどのそば好きで、その上、そば食いの賭けでも負け知らずの大食漢。その清兵衛が商いに出た信州の道中で蟒蛇《うわばみ》と出くわした。見れば人を丸呑みした蟒蛇はあまりの大きさに悶絶の真っ最中。ところが蟒蛇が道端の草を舐めるや、腹が途端に引っ込んだ次第。これを見た清兵衛は「そば食いの賭けで一儲けできる」と、草を摘んで持ち帰ったが、その草は……。

【豆知識】　上方落語の『蛇含草《じゃがんそう》』が江戸落語に移植された。上方はそばではなく餅を食らう。別題『そばの羽織』。

ぞろぞろ

浅草田圃の太郎稲荷の近くに、荒物も扱う茶屋があった。ある雨の日に草履を求める客が次々と来て、ついには草鞋を売り切ってしまうと、そこへ新たな客が一人。売り切れたと断るも、ふと見れば天井から一組の草鞋。そして主人が草履を引っ張ると、途端に草履がぞろぞろと下りて、それが評判を呼ぶや店は大繁盛。すると暇な床屋の主人が、それが太郎稲荷への願掛けのご利益だと聞いて真似をするや、これまた大繁盛して……。

【豆知識】元は上方ネタで橘ノ圓都から二代目笑福亭松之助などが継承。東では春風亭昇太らも持ちネタに。

た

大工《だいく》調《しら》べ

大工の与太郎が長屋の借料一両八〇〇文のかたに道具箱を大家に召し上げられた。心配した棟梁は一両を貸し与えるが、それでも八〇〇文足りない。すると棟梁は「八〇〇ばかりは御の字だ」と啖呵を切って与太郎を送り出すも、大家は承知せず、道具箱も据え置き。面子を潰された棟梁が南町奉行所にお調べを願い出たところ、これが見事な大岡裁き。そして大岡越前守に棟梁は「大工は棟梁、調べをご覧じろ（細工はりゅうりゅう、仕上げをご覧じろ）」と……。

【豆知識】 落ちは江戸っ子が「とうりゅう（棟梁）」と発音するゆえ。三遊亭小遊三や立川志らくなどが継承。

たいこ腹《ばら》

道楽に飽きた伊勢屋の若旦那。ここは一つ人助けでもと考え、鍼医に弟子入り。ところが根が道楽者の若旦那、座学に飽きて生身に鍼を打ちたくなり、幇間の一八を呼び出した。まず一八の水落に一刺ししたところ、鍼がスーッと入るのが面白くなって、一本、二本……と刺すうちに、手持ちの鍼をほとんど刺してしまう。ところが抜く段になってこれがさっぱり抜けず、困った末に残った鍼で〝迎え鍼〟。すると一八の腹が……。

【豆知識】 上方発祥の幇間噺。東は柳家喬太郎など、西は三代目桂文之助などの持ちネタ。別題『幇間腹』。

代書屋《だいしょや》

「代書屋」には変わった人物がやって来る。「長男か？」と聞けば「最近兄貴が死んで長男になった」なんていうのは序の口で、ある日など、書家を名乗る老紳士が看板の筆遣いにケチをつけ、さらにこの老紳士の奉公人が先刻の〝お邪魔料〟だと使いに来るも、受取の署名をする最中にこれまた筆遣いに難癖の嵐。嫌気がさして「あんたが代わりに書け」と言うと、名前の横には……「自署不能ニ付代書（自署不能につき代書）」

【豆知識】 行政書士の前身「代書人」の資格を持っていた四代目桂米團治が創作した新作。三代目米朝を経て二代目枝雀が継承、その名演で五代目米團治襲名を勧められた逸話あり。

大仏餅《だいぶつもち》

御徒町の河内屋金兵衛の店に、ボロを纏った盲目の子供が入って来た。聞けば父親と物乞いを始めたとの由。丁度息子の祝いに仕出しを取り寄せたところ。これを分け与えようとすると、子供の父親が茶道具の逸品「朝鮮砂張の水こぼし（茶をすすぐ道具）」を取り出した。実は父親は千家の宗寿門弟の神谷幸右衛門で、金兵衛とは相知った仲。さっそくお薄を用意した金兵衛。茶菓子代わりに大仏餅を添えると、幸右衛門の子どもが美味しそうに食べ始め……。

【豆知識】三遊亭圓朝が即興で作った〝三題噺〟とされる。圓朝没後は八代目桂文楽の独壇場ともいわれ、現役では柳家さん喬などが高座に掛ける。

代脈《だいみゃく》

古法家（漢方医）の尾台良玄のところに与太郎頭の上に助平な銀南という弟子がいた。ある日、銀南は初めて代脈（代理往診）を仰せつかり、伊勢屋の娘を診ることに。良玄は先方での作法を事細かに指南した上で、「お嬢さんの腹のしこりに触れてはならぬ……放屁なさる」と言い添えた。銀南は行った先の伊勢屋で、暫し首尾よく振る舞ってはいたものの、診察の段になって例のしこりを見つけ、かえって助平心がむくむくと頭をもたげ……。

【豆知識】六代目笑福亭松鶴を介して懇意だった三代目古今亭志ん朝と三代目仁鶴が得意としたネタ。下げは〝オウム〟を用いた間抜け落ち。

高砂《たかさご》や

伊勢屋の若旦那の婚礼で仲人を務めることになった熊五郎。近所のご隠居に「仲人ならお開きに『高砂』くらいは……」と諭された。風流とは無縁の熊五郎だが「頭だけやれば、あとは親族方がつける」というご隠居の言葉を頼りに、何とか頭だけは形にした。そして婚礼当日。式半ばに「ご祝儀を……」と意表を突かれるも「とぉうふ～」と声馴らしの後「高砂や～この浦舟にぃ～帆を上げて～」とひとくさり。そして「あとはご親類方で」と逃げを打ったが……。

【豆知識】当代柳家小三治の十八番としても有名な上方発祥の演目。江戸落語独自の落ちがあったが、現在は上方の元ネタを採用する噺家多し。

高田馬場《たかたのばば》

浅草観音の境内で対峙する男と老侍。男にとってその老侍は二〇年前に父親を殺めた憎き仇。男は「汝は岩淵伝内……親の仇、尋常に勝負！」と凄むや、明朝高田馬場にて相討つと約して去っていった。すると翌日、本物の仇討ちを見ようと高田馬場は黒山の人だかり。人々は茶屋で酒や甘味を嗜みつつ勝負を待つも、一向に始まる気配がない。ふと見れば、茶店にはなぜか酩酊する件の老侍の姿が……。

たが屋《や》

「たぁまやぁ～」。大川（隅田川）に懸かる両国橋に川開きの花火を愛でながら声を上げる人の山。そこに箍《たが》（桶を巻く裂いた竹）を担いだ箍屋の男と旗本ご一行。悪いことに箍屋の箍が外れるや、馬上の旗本の陣笠を跳ね飛ばす。怒り心頭に発した旗本は、供侍に斬り捨てを命じるも、喧嘩馴れした箍屋はこれをあっさり返り討ち。果して旗本との一騎打ちとなり、旗本の首がスポッと宙に舞うや……。

だくだく

宿替えをした八五郎。前の長屋で溜めた借料を家財一切と相殺したゆえ新居は伽藍堂。そこで熊五郎は知己の書割師（舞台の背景画を描く職人）に頼んで、壁や床に家具から寝ている猫、長押《なげし》に掛けた槍まで描いてもらう。ところがその夜、さっそく泥棒が参上。豪華な品々に嬉々として仕事に取り掛かるも、これが何もかも「絵」。そこで泥棒、そっちが「つもり」なら、こっちも「つもり」でやり返せと「金を盗んだつもり……」などと一人芝居に興じ始めた。

【豆知識】四代目柳亭痴楽らが客に「面白かったつもり」とやられ、高座から「ウケたつもり」などと延々応酬した逸話がある。上方は『書割盗人』。

竹《たけ》の水仙《すいせん》

名工だが酒好きの左甚五郎。ある旅籠に泊まるも、長逗留と嵩む酒代が祟って宿賃が滞る。業を煮やした主人が様子を見に行くと、部屋の大黒柱には甚五郎の仕事と思しき見事な竹造りの水仙。主人が感心していると、丁度そこに大名の一行がご到着。殿様は竹の水仙を見るなり、大金を積んでこれを買い取った。驚いた主人は、甚五郎に逗留を続けて竹の水仙で一儲けと持ちかけるも……。

たちぎれ

芸者の花代を線香がたち切れる（燃え尽きる）時間で計った時代。ある店の若旦那と密かに惚れ合う芸者に岡惚れする男がいた。だが男は二人の仲を知るに至るや芸者に直談判。困り果てた芸者は若旦那に相談の手紙、男に偽りの恋文をしたためた。ところが宛名をあべこべに書いてしまい、芸者は若旦那宛ての手紙を見た男に殺められる。そして初七日……仏壇の前で涙に暮れる若旦那の前に現れた芸者の幽霊が、三味線を爪弾き始め……。

【豆知識】原典は笑福亭一門の祖・初代松富久亭松竹が創作した『たちぎれ線香』。上方では人情噺で、近年まで大看板ネタだった。

辰巳《たつみ》の辻占《つじうら》

花魁に入れ込んで商売はまるでお留守の若旦那。見かねた伯父が、ある日一計を案じて「いずれ身請けしてやるが、まずは相手の料簡を試せ」と指南するや、若旦那は花魁を呼び出して「義理の悪い所の金を使い込んだ。この上は自害しか……」と一芝居。すると幸か不幸か「私も一緒に」と花魁が応じ、程なくして若旦那の背後でドブ〜ンと音した。「本当にやりやがった」と慌てる若旦那。もっとも、それは花魁が自害を装って石を投げ込んだ音だった……。

【豆知識】上方の『辻占茶屋』が原典。「辻占」とは菓子に恋占いのおみくじを仕込んだ「辻占菓子」のこと。

狸賽《たぬさい》

ある男の家に、子狸が「恩返しをしたい」とやってきた。そこで男は、賭場で賽《さいころ》に化けて「チョボイチ（賽の目を当てる博打）」の目を出してくれと頼む。ところが子狸の〝持ちネタ〟は目玉を見開く「二」と、逆立ちで御居処（おいど=尻）の穴を見せる「一」ぽっきり。それでも何とか仕込んで博打に臨み、子狸に賽の目を告げるや連戦連勝。ところがさすがに怪しまれ「賽の目を言うな」と制された男。「お目めだよ」「御居処だよ」と、子狸に符牒のような指図を出し始めるも……。

【豆知識】西は三代目桂米朝（上方は『狸の賽』）、東は〝狸噺〟の持ちネタが多い五代目柳家小さん両巨頭の十八番で、今も門下が継承する名作。

田能久《たのきゅう》

「田能久一座」の座長を務めし久兵衛が、旅の道中、山の小屋で寝ていた。すると大蛇が来て「何者だ」と質すので、久兵衛が座名の「田能久」を名乗るや、大蛇はこれを「たぬき」と聞き紛って「化けてみよ。さもなくば食う」と脅す。久兵衛が芝居の衣装で〝化けて〟見せると、大蛇は気を許して「何を恐れるか？」と尋ねる。久兵衛が「金だ」と答えると、片や大蛇は他言無用と言い含めて「煙草の脂だ」と明かした。ところが久兵衛は村に戻るや土産話を始め……。

【豆知識】『日本昔話集成』の「田之久」が元ネタだが、上方落語では『田之紀』とも。東は三遊派などが継承。

試し酒《ためざけ》

ある大店の主人が得意筋の近江屋とご一献。その最中、主人はお供の久蔵が一度に五升空けるほどのイケる口だと言うや、近江屋はこれを訝しがり、然らば真偽の程をと、当人に五升の酒を呑ませようと相成った。ところがさすがの久蔵も一度に五升は試しがない。さりとて呑まなきゃ旦那の面子は丸つぶれ。そこで何を思ったか、久蔵はしばらく表に出て戻って来るや、やおら一升盃を五たび飲み干した。主人が気になって表で何をしたのかと尋ねると……。

【豆知識】昭和初期に落語研究家の今村信雄が創作した新作。五代目柳家小さん、三代目桂米朝も得意に。

垂乳根《たらちね》

長屋の八五郎に縁談が舞い込んだ。眉唾ものの良縁だったが、言葉遣いが馬鹿丁寧で意味すら分からずとの但し書き。八五郎は「良縁逃すまじ」と娘を娶るが、端から漢文やら京言葉を織り交ぜた長ったらしい挨拶を繰り出し、朝は朝で、寝坊した八五郎に「日も東天に出御ましまさば……御飯も冷飯に相なり候へば……恐惶《きょうこう》謹言《きんげん》（恐れ謹んで申し上げる）」と候文ばりの小言で窘め……。

短命《たんめい》

伊勢屋の一人娘に婿入りした若旦那がまた死んだ。これで都合三人目。八五郎がご隠居の前で「なぜこうも続けて……」と訝しがると、「女房は器量良し。飯どきには手と手が触れる……となれば、やることは一つ。これが短命の元だ」

とご隠居。すると八五郎は何を思ったか、家に戻るや女房に「やい、給仕ぐらいしろ。茶碗は手渡しだぞ」と指図する。女房は膨れっ面で手渡し。その時、ふと指と指が触れ合って……。

【豆知識】昔は艶笑落語とされた噺。五代目三遊亭圓楽の十八番としても知られ、同じ〝笑点組〟の桂歌丸（演題『長命』）や六代目圓楽も。

千《ち》早《はや》振《ふ》る

知ったかぶりのご隠居のところに、男が百人一首にある在原業平の「千早振る　神代も聞かず竜田川　唐紅に　水くくるとは」の意味を尋ねに来た。本来の意味は「竜田川の紅葉が括り染めの如く美しい。奇跡のようだ……」なのだが、「相撲取りの『竜田川』が花魁の『千早』に振られて……妹の『神代』も『聞かず』、要は袖にされて……最後の『水くぐる』は井戸に身投げしたって意味だ」とご隠居の教示。すると男が最後の「とは」の意味に食い下がり……。

【豆知識】「小遊三の千早か、千早の小遊三か」と称される、自他ともに認める三遊亭小遊三の十八番。

茶《ちゃ》の湯《ゆ》

倅に身代を譲ったご隠居が、隠居所で丁稚の定吉と茶の湯を開くことに。ところが門外漢な上にケチなご隠居は、青黄粉で湯に色をつけ、代用洗剤の「椋《むくろじ》の皮」で泡をでっち上げる有様。最初に招いた馴染みの三人。〝茶もどき〟を飲んで強張るも、すぐさま羊羹でしのいで「これはうまい」と世辞を言う。確かに羊羹は高級品の本物で、この羊羹が評判を呼んで近所衆が押し寄せた。すると「羊羹がもったいない」と今度は世にも恐ろしい饅頭を……。

【豆知識】下げは「また誰かが茶の湯で酷い目に遭ってる」という考え落ち。当代柳家小三治などが十八番に。

長《ちょう》短《たん》

気の長い長さんと、気が短い短七は性格は逆だが仲の良い幼なじみ、ある日、短七の家に遊びに来た長さんだが最初の挨拶から栗まんじゅうを食べる動作まで全てがのんびりしているので、短七はイライラ。長さんがタバコを吸うのを見て「こう吸うんだ」と何服か吸って見せるうちに火球がタバコ盆に入らずに袂に入った。これを見た長さんが短七に「お前は人にものを教わるのは嫌いかい？」と訊ねると……。

【豆知識】宋の時代の実話を脚色した中国の笑話集『笑府』の中の「性緩」という小咄がルーツ。戦後は、三代目桂三木助と五代目柳家小さんが十八番とした。

提《ちょう》灯《ちん》屋《や》

町内の若い衆が集まったところに八五郎がチンドン屋にもらった提灯屋のチラシを持ってやってきた。「当日より向こう七日間は開店祝いとして、提灯のご紋、笠の印等は無代にて書き入れ申し候」とあり、万一書けない紋があるときは、お望みの提灯をタダでくれると知って「それならタダでもらってこようじゃねえか」と、一座の兄貴分が策略をたてるが……。

町《ちょう》内《ない》の若《わか》い衆《しゅう》

熊さんが兄貴分の家にいくと、増設工事の真っ最中。お内儀に「この不景気に建て増しとは、兄貴は働き者ですね」とほめると「うちの人の働きではございません。町内の若い衆さんが寄ってたかってこしらえてくれたようなものです」と言われ感心する。家へ帰って女房に「お前には言えないだろう」というと「言えるから、建て増ししてみろ」とやり込められ……。

ちりとてちん

旦那の誕生日に、近所に住む男がご馳走になりにくる。出された酒や料理にべんちゃら（お世辞）を並べる男。そのうち裏に住む知ったかぶりの竹の話になり、竹に一泡吹かせようと相談を始める。ちょうど水屋に腐った豆腐が見つかった。これを箸でぐちゃぐちゃにつぶして、梅干しやワサビやいろいろなものを混入。箱に詰めたうえで、紙をかけて「長崎名物ちりとてちん」として食わせようということになったのだが……。

【豆知識】元ネタ『酢豆腐』を三代目柳家小さんの門下生だった初代柳家小はんが改作して『ちりとてちん』となったものが上方へ伝わった。

付《つ》き馬《うま》

吉原で「明日、お茶屋のツケを集金すれば金ができるので、明日払いで良ければ遊んでってやるよ」と牛太郎（遊廓の客引き）を口説いてどんちゃん騒ぎをした男。翌朝、一緒に集金に行こうと、牛太郎を連れ出すと大門の外まで引っ張り出し、途中、風呂代や飯代も牛太郎に払わせる。浅草の雷門まできて不審に思った牛太郎が文句をいうと、男は中まで戻るのは面倒だから近くの早桶屋（棺桶屋）の叔父さんに金をこしらえて貰うというが……。

【豆知識】別題は『早桶屋』。付き馬とは、吉原で持ち金以上に遊んでしまった客の掛け取りにいく郭の従業員のこと。

突《つ》き落《お》とし

町内の若い者が集まって「吉原へでも繰り込もう」と相談するが、全員金がない。そこで兄貴分が悪知恵をめぐらして大工の棟梁に化けて、客引きの若い衆の気を引いた上、一同そろって廓に上がり込みドンチャン騒ぎ。翌日には部下役が、預かったはずの紙入れ（財布）を預けてきたといって、棟梁に殴られる芝居を打って、付き馬に持ち込むが……。

佃祭《つくだまつり》

神田で小間物問屋を営む次郎兵衛は、夏の佃島の祭りの帰りに突然見知らぬ女に袖を引かれて終い船を逃してしまう。妻に必ず帰ると約束した手前、困る次郎兵衛に女は「三年前に偶然、会った次郎兵衛に五両のお金を恵まれて命が助かった」と告白。帰りは夫が船で送るからと家へ招き歓待する。そのうち先ほどの終い船が沈没して、乗客が全員溺れ死んでしまったことがわかった。その話を聞いて自分もあやかろうとした与太郎は財産を売り払い五両の金を作るが……。

【豆知識】「情けは人の為ならず」という諺をテーマとした江戸落語で、中国の説話集の中の「飛雲渡」が原話。

壺算《つぼざん》

買い物上手な兄貴分に協力を求め、二荷入りの水瓶を買いにいく吉公。だが兄貴分は半分の一荷入りの水瓶に目をつけて、瀬戸物屋をおだてあげると二円五〇銭から二円に値引きさせる。吉公が文句を言うと、兄貴分は道を曲がって曲がってまた瀬戸物屋へ引き返して再交渉。巧みに言葉を操り、二円で二荷の瓶を手に入れる。算盤の計算はあっているが、手元を見ると二円足りない。何度計算してもらちがあかずパニックに陥った瀬戸物屋は……。

【豆知識】元々は『壺算用』という上方落語の演目。主な演者は東京の六代目三升家小勝や柳家権太楼のほか、上方では二代目桂枝雀、笑福亭仁鶴など。

佃祭　『名所江戸百景　佃じま住吉乃祭』歌川広重作。「住吉大明神」と書かれた幟の向こうに人々が群れ、海中渡御の様子が描かれている。国立国会図書館蔵。

つるつる

芸者置屋を営む師匠の家に居候している幇間、一八。岡惚れしている芸者のお梅を口説きまくって、〝深夜二時に部屋で待っているが、少しでも遅れたら約束は反故〟という話になる。ところがその晩の客は大の贔屓客で帰してもらえず、最後はへベレケにされてしまう。それでもなんとか戻り、師匠の枕元を通り抜けてお梅の部屋へ行く算段をするが……。

出来心《できごころ》

〝広い庭のある家〟といわれたら日比谷公園に、〝電話がひいてある家〟といわれたら交番に入ってしまう間抜けな棒が、貧乏長屋に忍び込む。ところが部屋には金目のものはないうえに家人の八五郎が帰ってきてしまい、慌てて縁の下にもぐり込んだ。しかし八五郎が溜まった家賃を免除してもらおうと、家主に嘘の盗品を申告しているのを聞いて……。

鉄拐《てっかい》

唐の廻船問屋「上海屋」は毎年、創業記念日に豪華絢爛な余興を見せていたがネタ切れになってしまう。主人の命で珍しい芸人を探しにいった番頭は山中で迷子になるが、息をフーッと吐き自らの分身を生み出す鉄拐という仙人に助けられた。番頭が仙人に頼み込んで上海屋の余興に出てもらうと、これが大評判となり近隣諸国からもお客が押し寄せてきて……。

てれすこ

ある漁場で獲れた珍魚の名前がわからず、役人が魚拓を貼り出して一〇〇両の懸賞金をつけると、茂兵衛という男が名乗り出て魚の名は「てれすこ」だと言う。頓狂な名前を不審に思う役人がしぶしぶ懸賞金を支払うと、奉行はその魚を干物にさせて魚拓を取り再び懸賞金をつける。また現われた茂兵衛が魚の名を「すてれんきょう」だと言うと、怒った奉行は茂兵衛に死罪を申し渡すが、茂兵衛が妻に「子供が大きくなってもイカを干したものをスルメと言わせるな」というと機転に感心し無罪放免とした。

【豆知識】　落ちは妻が干物（火物＝加熱調理食品）断ちをしたからという意味。

天狗裁《てんぐさば》き

女房のお光に「路地裏の又さんが百足の夢を見たら羽振りがよくなったから、儲かるような夢でも見てごらん」と言われた八五郎。うたたね中に笑っていてお光に「どんな夢を見たんだい？」と聞かれるが、思い出せないので「夢は見ていねえ」と答えると妻は納得せず、夫婦喧嘩になった。仲裁に入った周囲の人間も八五郎の返事に怒り、しまいには奉行所で詮議されるがそこでも「見ていない」と答え、縛られて山中の杉の大木に吊るされてしまう。そこに大天狗が現われて……。

【豆知識】　元々は上方落語の演目の長編落語『羽団扇』の前半部分が独立して、一席の落語となった。

天災《てんさい》

短気の八五郎。夫婦喧嘩で嫁を殴り、止めに入った実の母も蹴飛ばすので、町内のご隠居に「紅羅坊名丸」という心学の先生の元へ送り込まれた。名丸は八五郎に「ならぬ堪忍するが堪忍」と諭したが理解しないので、例え話で問答した最後に「全ては『天災』だと思って諦めなさい」と納得させた。八五郎が長屋に帰ると熊五郎の家がもめていて……。

転失気《てんしき》

往診に訪れた医師から「てんしき」があるかと尋ねられ、何のことかわからなかった和尚は知ったかぶりをしてその場をとりつくろう。その後、小僧の珍念を呼んで「教えたはずだろう、忘れたなら近所で借りてこい」と送り出すが、花屋も隠居もみな知ったかぶりをしてごまかすので何であるのかわからない。医師からようやく「転失気とは屁のこと」と聞き出し、和尚が「てんしき」を知らないことを悟った珍念は寺に帰って「『てんしき』とは盃のことです」と嘘を言うと和尚は……。

【豆知識】一〇分程度と短い前座噺で、サゲのバリエーションがいくつかある。

転宅《てんたく》

旦那を見送った妾のお梅が戻ってくると、泥棒が侵入して残り物を飲み食いしている。泥棒は旦那がお梅に帰り際に渡した五〇円を奪いにやって来たのだが、凄んでもお梅は驚かない。しかも「自分は元泥棒で旦那とは別れるところ。よかったら女房にして」と言われてなけなしの二〇円まで差し出してしまう。「明日のお昼前に来て、合図の三味線が聞こえたら入ってきておくれ」と帰され、翌日、泥棒が妾宅にやってくると……。

【豆知識】転宅は明治時代から使われた言葉で、「語る」と「騙る（騙す）」を引っ掛けた落ちの泥棒噺だが、滑稽噺の要素も兼ねている。

道灌《どうかん》

家遊びに来た八五郎に、掛け軸の絵について尋ねられたご隠居は太田道灌が雨具を借りに入った家の娘の詠んだ「七重八重　花は咲けども　山吹の　実の（蓑）ひとつだに　なきぞかなしき」の意味を教える。八五郎は「うちに傘を借りに来る男も、その歌で追っ払ってやろう」と思いつく。ほどなくして雨が降り出し、その男が飛び込んできたが、頼まれたのは提灯で……。

道具屋《どうぐや》

二十歳にもなるのに働かないで遊んでばかりの与太郎の母親に頼まれた叔父の杢兵衛は、自分が副業でやっている道具屋をやらないかと提案した。早くも儲かった想像でニヤニヤする与太郎だが、品物を見ると、切れない鋸。破れそうな股引。脚のとれた燭台などガラクタしかないありさま。しかもトンチンカンな与太郎のやりとりで客にも逃げられて……。

唐茄子屋政談《とうなすやせいだん》

道楽が過ぎて親から勘当された、若旦那の徳三郎。そのうち誰にも相手にされなくなり、吾妻橋の欄干から飛び込もうとするところを叔父に助けられた。「これからは何でもする」と約束して翌日から「唐茄子を売り歩け」と言われて出勤するも、体力が尽きて倒れてしまう。それでも親切な住民が買ってくれて、残った二つも質素で品のいい奥さんに売り切ることができた。しかし奥さんの家は実は貧しく……。

【豆知識】最後は徳三郎は勘当が許されて〝情けは人の為ならず〟という結果となる人情噺。長いので前半部分のみが演じられることが多い。

時《とき》そば

ある冬の深夜零時頃、男が屋台の二八そば屋を呼び止めて、かけそばを注文した。その後も主人に話かけ、割箸に丼、汁、そば、具のちくわに至るまでひたすらほめ上げる。そして一六文の料金を支払う段になると、一文を一枚一枚数えながら主人の掌に載せていき、八枚数えたところで、「今何時でい」と時刻を尋ねる。主人が「九です」と応えると間髪入れずに一〇から一六まで続けて、一文ごまかして店を去ってしまう。この一部始終を陰で見ていた別の男が「うーん、なるほど」と感心して翌日に自分も真似をしてみると……。

【豆知識】落語の演目の中でも有名な噺で元ネタは上方落語の『時うどん』。

富久《とみきゅう》

幇間の久蔵は酒癖が悪く、贔屓の客をことごとくしくじって年の瀬を迎えてしまう。なけなしの一分で買った富札を神棚に納めて寝ていると、夜半にかつてしくじった旦那の越後屋が火事になったとの知らせ。急いで駆けつけて、見舞い客の相手をしながら一杯やっているうちにまた寝入ってしまう。するとまたじゃんじゃんと半鐘が鳴り響き、今度は久蔵の長屋が丸焼けになってしまった。久蔵を可哀想に思った旦那が居候を許したその数日後、富くじの抽選日を迎え、なんと久蔵は一〇〇〇両富に当たった。すぐさま賞金を受け取ろうとする久蔵だが……。

【豆知識】初代三遊亭圓朝の作とされる噺。八代目桂文楽、五代目古今亭志ん生らが得意とした。

中村仲蔵《なかむらなかぞう》

苦労の末、名題に昇進した役者、中村仲蔵は、ケンカをした立役者から意趣返しに「忠臣蔵」五段目の定九郎役をふられる。こしらえ(扮装)に悩み、柳島の妙見さまに日参した仲蔵は、満願の日の参詣後に雨宿りしていたそば屋に駆け込んできた浪人の風体をヒントにこしらえを思いつく。結果、定九郎役は大評判を呼び仲蔵は名優への道を進んでいく。

長屋《ながや》の花見《はなみ》

貧乏神を追っ払おうと、大家が家賃も払えない貧乏店子を連れて、上野の山に酒肴付きで花見に連れて行くことになった。みんなは大喜びだったが、一升瓶の中身は番茶を水で割ったもの。玉子焼きはたくわんで、かまぼこは大根の漬物だという。地面に敷く毛氈はむしろで代用。全員、がっかりしてブツブツ言いながらも花見を始めると、そのうちやけくそで言いたい放題。酒ではなくお茶なのに酔えという命令に酔ったふりをする店子が満足げな大家に「大家さん、近々長屋に良い事がありますよ」「どうして?」「酒柱が立ってます!」

【豆知識】 元々は上方落語『貧乏花見』を明治後期に、三代目蝶花楼馬楽が東京に移したもの。

長屋の花見 『東京名所之内上野公園地桜花盛之景』広重作。明治中期の花見の様子。背景の山の上に長屋の住人がいるはず。国立国会図書館蔵。

二階《にかい》ぞめき

吉原通いが大好きな大店の若旦那、幸太郎に怒った父親は勘当すると大騒ぎ。番頭が意見をすると、吉原の雰囲気が好きなので、吉原がこっちに来れば遊びに行かないというので、腕のいい棟梁に二階を改造させて〝ミニ吉原〟を作ってしまった。大喜びした若旦那は、二階に上がっていくが当然誰もいない。そこで人のいなくなった大引け(午前二時)過ぎの設定で一人芝居を始めて大騒ぎ。様子を見にいかされた小僧の定吉が声をかけると「悪いところで会ったな。ここでおれに会ったことは親父にも内緒にしろよ」

【豆知識】 原話は、江戸後期に活躍した滝亭鯉丈が延享四年(一七四七)に出版した笑話本『軽口花咲顔』の一編。

錦《にしき》の袈裟《けさ》

隣町の連中が吉原で緋縮緬の長襦袢姿でカッポレを踊り、お前たちにはこんな派手な遊びはできまい、と馬鹿にされた若い衆たち。向こうよりも豪華な錦の褌をあつらえて、相撲甚句で裸踊りとしゃれこもうということになり、ひとり褌にあぶれた与太郎は近所の寺の和尚に一晩だけの約束で袈裟を貸りる。妓楼に繰り出し踊り出すと与太郎の褌だけ前に袈裟輪がついているので遊女たちの注目の的となり、与太郎だけお殿さま扱いでもてまくるが……。

【豆知識】 上方落語の『袈裟茶屋』の改作。戦時中にはエロティックな描写が問題視され、「禁演落語五十三種」に指定された。

二《に》番《ばん》煎《せん》じ

江戸の真冬の大火事対策に、町内で自身番をおいて交代で夜回りに出た旦那衆。交代後、番小屋で暖をとっていると、誰かが一升徳利を出して皆に勧める。夜回り中の飲酒は禁止だが「これは風邪の煎じ薬だ」と皆でうそぶいて飲み始め、猪鍋まで作っての酒宴となった。そこへ番小屋を管轄している同心が現われて、事情を知った同心に酒を飲まれてしまい……。

庭《にわ》蟹《かに》

堅物で通っている商家の旦那。得意先の旦那から「お宅の番頭さんは粋で洒落がうまい」とほめられたので、番頭に「見せておくれ」と頼む。番頭は「洒落は見るものではないので、何かお題をいただきたい」と言って次々と旦那の言葉を受けていくが、全然通じない。しかも主人が「これほど頼んでいるのに、洒落られないとは何だ！」と怒りだし……。

抜《ぬ》け雀《すずめ》

小田原宿に現れた肥えてはいるが風体の冴えない男。夫婦二人だけの小さな旅籠に泊まり「内金に百両も預けておこうか」と、大きなことを言うが、七日間、一日中大酒を食らって寝ているだけ。主人が金を催促すると金はないと平然と言い放った。男は絵師で「抵当（かた）に絵を描いてやろうか」と新しい衝立に雀を五羽描くと出発してしまうが……。

猫《ねこ》怪《かい》談《だん》

育ての親の親が死んでも葬式もできない与太郎。大家のはからいで早桶（棺桶）は準備できたので早々に谷中の寺に向かおうと、月番の甚兵衛が早桶の前棒を担ぎ、与太郎が後棒、大家が提灯持ちとなり出発。午前零時に上野を通るが恐がりの甚兵衛は、仏が化けて出るかと恐くてしょうがない。しかも与太郎が乱暴に扱ったので、早桶の底が抜けてしまい……。

猫《ねこ》久《きゅう》

いつもにこにこと猫のようにおとなしいので〝猫久〟と呼ばれている八百屋の久六がある日、血相を変えて「今日という今日は勘弁がならねえ。おい脇差しを出せ！」と女房に怒鳴った。女房は押入れから刀を出して、神棚の前で三べん押しいただき亭主に渡した。それを見ていた熊五郎が女房に話すが「昼のおかずは鰯のぬただから、腐らないうちに帰れ」と言うだけ。出かけた床屋でさっきの話を盛大に吹聴していると居合わせた侍が「その妻はまことに賢女なり」とほめちぎるので感心した熊五郎は家に帰り妻に……。

【豆知識】二代目小さんから受け継がれ、小さん系の得意な演目として有名。

猫《ねこ》忠《ちゅう》

浄瑠璃に通っている次郎吉は、師匠のお静といい仲になりたいが、覗きにいく途中で常吉とお静がベタベタしていた。そこで常吉の家に行くとかみさんに常吉は今、奥で寝ていると言われ、そのうち本人も起きてきた。だがあまりにも似ていたので常吉も連れてまた見にいくと、やはりそっくりの男が師匠と口移しで飲んだり食べたりしている。これはもしや狐狸妖怪ではないかと取りおさえると、正体は化け猫で……。

【豆知識】六代目桂文治が明治中期に上方から移植して当初の題は『猫の忠信』。登場人物の名前から、猫のセリフまで『義経千本桜』のパロディとなっている。

猫《ねこ》と金魚《きんぎょ》

主人が番頭に「隣の猫に狙われているから湯殿の棚の上に金魚鉢を置け」と言うと、番頭は金魚を外に出して金魚鉢だけ上げる。猫が金魚をつかもうとしても追い出さず「自分はねずみ年なので、猫とは闘えません」と言う。諦めた主人が次に頼ったのは「世の中に怖いものなどない」と豪語する鳶頭のトラさん。トラなら猫より強いはずと、風呂場の猫を追い出すよう頼んだが悲鳴が聞こえた。駆けつけると金魚鉢はひっくり返り、トラさんは金魚鉢の水を頭からかぶって気絶している……。

【豆知識】田川水泡が高沢路亭のペンネームで

書いた創作落語。金魚の種類は原作では高級魚のランチュウ。

猫《ねこ》の災難《さいなん》

朝湯から長屋に帰ってきた熊五郎。酒は飲みたし銭はなしのところに、隣のかみさんが大きな鯛の頭と尻尾を抱えて、猫の病気見舞いの残りだという。捨てるというのでもらい受けて、腹のところにざるをかぶせておいたら、訪ねてきた兄貴分は尾頭付と勘違い。いそいそと一升瓶を買いにいってしまう。困った熊五郎は身は猫に盗られたことにして、渋る兄貴分に再び鯛を買いにいかせた。しかし目の前の酒に我慢ができず、ちびりちびりとやるうちに全部飲んでしまい……。

【豆知識】タイトルについている「猫」は実際に一回も出てこないが、上方版ではオチに猫が現れる。

猫《ねこ》の皿《さら》

江戸の道具屋が田舎に出張で熊谷の茶店で休憩。縁台の下で猫ものんびりと飯を食べている。よく見ると、猫の皿は高麗の梅鉢茶椀で三〇〇両は下らない代物。道具屋は、なんとか梅鉢茶椀を買い取ろうと猫好きを装い、茶碗付きで三両で猫を譲ってくれと爺さんに頼み込む。しかし爺さんは別の粗末な茶椀を渡そうとする。訳を聞くと「その茶碗で猫に飯食べさせていますと、ときどき猫が三両で売れますんで」

【豆知識】原題は『猫の茶碗』で五代目古今亭志ん生が『猫の皿』で演じるようになった。

ねずみ

宿場町で子供に宿引きされて鼠屋という宿に泊まった旅人。しかし宿には布団も食べものもなく、主人は腰が抜けて動けない。訳を聞くと、元々向かいの大宿の虎屋の主人で、後妻と番頭に宿を乗っ取られたという。翌日、旅人は一晩で彫り上げた鼠をたらいに入れて「左甚五郎作福鼠」の立て札と共に店先において去っていく。すると鼠が本物のように動き始めて……。

ねずみ穴《あな》

父の遺産を使い果たして兄を頼った弟の菊次郎。兄はたったの三文しか貸してくれずに菊次郎は怒ったが、このことで一念発起して身を粉にして働いた結果、大店の主となって家族にも恵まれた。ある冬の日、三文を返しに一〇年振りに兄のもとを訪れ、金を貸さなかった理由を聞かされた菊次郎は納得し、酒を飲み交わすと勧められるまま兄の家に泊まったが……。

寝床《ねどこ》

義太夫に凝っている大家の旦那。みんなに自慢ののどを聞かせたい。しかしあまりの下手さに、長屋の店子も店の使用人さえも誰も聞きに来ない。豪勢なご馳走で釣っても、なんだかんだと理由をつけられて全員に断られる。頭に来た旦那は、長屋の住人を叩き出し、店の者はクビにすると宣言。困った長屋の一同は、観念して義太夫を聴こうと決意。いそいそと語りを始める旦那をよそに、酔っ払えば分からなくなるだろうと酒盛りを始める。そのうち酔っぱらうと全員居眠りを始めてしまうが、小僧がひとりしくしくと泣いている……。

【豆知識】元ネタは上方落語の『素人浄瑠璃』。昔から馴染みの噺で「下手の横好き」のことを「寝床」と表現しても通じていた。

野《の》ざらし

八五郎が長屋で寝ていると、隣の釣り好きの浪人、尾形清十郎の部屋から女の声が聞こえてくる。覗くととてつもない美人。翌朝に問いただすと、「向島で釣りをした帰りに野ざらしのドクロを見つけたので哀れに思い、酒を振りかけ手向けの一句を詠んで帰ると、その骨の幽霊がお礼にきた」という。八五郎は自分もあやかろうと、尾形の釣り道具を借りて酒を買って向島へ向かう。釣り人たちに「骨は釣れるか？どんな女だ？」などと叫び、「サイサイ節」を唸りながら釣り糸を垂らすのだが……。

【豆知識】元は上方落語の『骨釣り』とされる。三代目春風亭柳好の十八番で「野ざらしの柳好」と呼ばれた。

のっぺらぼう

小間物屋の吉兵衛が、得意先のお屋敷で遅くなり弁慶橋まで戻ってくると、身投げ寸前の娘がいる。引きとめて訳を聞くと「こんな顔でも聞いてくれる?」。見るとのっぺらぼうで「ギャッ!」と叫んで走り出し屋台のそば屋に飛び込んだ。「のっぺらぼうを見たんだよ!」と話しかけたら「こんな顔でした?」と顔を上げたそば屋の親父ものっぺらぼうで……。

のみのかっぽれ

幇間の一八の家に住んでいる蚤の母子。一八がご機嫌でかっぽれを踊るのを見た蚤の息子は、真似をしてピョンピョン踊りだした。母が「あの男はお父っつぁんをつぶした仇なんだよ」と諌めるが、息子はもう夢中。見物しながら血を吸ってきてやると一八に取りついたが、居酒屋で見つかってしまい「かっぽれを踊るので許してください」と命ごいをするが……。

のめる

すぐに「のめる」と言うのが口癖の熊と、「つまらねぇ」が口癖の八五郎の二人が、自分たちの癖をやめようと言い出した。しかしただ、やめたのではつまらないので口癖を言ったら五〇銭を払うことにする。しかし八五郎の方が優勢なのをみて、熊がご隠居のところにいくと、隠居は八五郎の好きな詰め将棋で、絶対に詰められない棋譜を熊に教えて……。

は

初天神《はつてんじん》

初天神のお参りに行こうとすると、息子の金坊が連れていってくれというので何か買ってくれと言わないという約束で連れていく。だが天神さんが近づいて店が増えてくると「今日は何も買ってくれと言わないご褒美に何か買ってくれ」とせがみ始める金坊。渋々親父が飴を一つ買ってやると「頭を叩かれてアメ玉を落とした」というので、あたりを探すが見つからない。聞けば「お腹の中に落とした」と泣く始末。さらに……。

【豆知識】元々は上方落語で初天神とは毎年一月二五日に行われる天満宮の祭り。噺のエピソードごとに落ちがあるので、途中で切り上げられることが多い。

初音《はつね》の鼓《つづみ》

「初音の鼓」なるものをお殿様に売りつけようとする古道具屋の吉兵衛。「唐の国の九尾の狐が取り憑いたので、鼓を打てば、その音を聞いた者に狐が乗り移り、コンと鳴くという曰く付きでございます」などと言う。しかも使用人の三太夫をひと鳴き一両で買収して、お殿様が鼓を叩くと吉兵衛も三太夫もコンと鳴くので、お殿様は面白がって一〇〇両で買おうと言い出した。しめしめとほくそ笑む吉兵衛だが、お殿様に「買う前に一度、お前が鼓を打ってくれないか」と言われて……。

【豆知識】歌舞伎や人形浄瑠璃でなじみ深い『義経千本桜』のパロディ。

初音の鼓 『義経千本桜』の一場面を描いた役者似顔錦絵。豊原国周作。国立国会図書館蔵。

はてなの茶碗《ちゃわん》

京都清水の茶屋で油屋の男が休んでいると、有名な茶道具屋の金兵衛、通称「茶金」が茶碗のひとつをこねくり回しながら、しきりに首をかしげている。値打ちものに違いないと思った男は茶金が帰った後、茶店の主人から茶碗を二両で買って茶金の店へ持っていくが取り扱えないと断られた。聞いてみると、割れもないのに水が漏れるので「はてな」と首をかしげていただけだった。がっかりする男に茶金は茶碗と引き換えに三両を渡して真面目に働くように諭すと、この話が帝の耳にも入り……。

【豆知識】 原話は『東海道中膝栗毛』で知られる十返舎一九作。

花見酒《はなみざけ》

仲のよい兄弟分、花見をしたいが金がないので花見をしながら酒を売って儲けようと、酒屋で二両の酒樽を買い、一貫だけ手元に残して向島へ向う。一杯を一貫で売って全部売れれば四両。その四両でまた酒を仕入れて八両で売り、八両でまた一六両売りという算段だ。しかし途中で我慢できずに弟分は一貫を兄分に払って一杯、今度は兄分が弟分に一貫払って一杯……。

【豆知識】 主な演者は八代目林家正蔵、六代目春風亭柳橋。向島は浅草から見た隅田川の対岸一帯で今の隅田公園付近。江戸時代には近郊有数の観光名所だった。

花見《はなみ》の仇討《あだう》ち

江戸の春、花見で見物人があっと驚く趣向を考えて仇討ちを計画した長屋の四人組。飛鳥山の桜の下で仇役の浪人が煙草を吸っているのを合図に、巡礼兄弟役の二人が「親の仇〜」と立ち回りを始める。そこに六部役の仲裁が入り、酒、さかな、三味線、太鼓で総踊りにてお開きという段取りだ。しかし肝心の六部役が酔いつぶれて現場に現われず……。

浜野矩随《はまののりゆき》

腰元彫り（金工）の名人、浜野矩康が亡くなり、息子の矩随が跡を継いだが腕の方はまるでダメ。若狭屋の主人だけが父の義理で買ってくれるが全く売れず、とうとう「父親の顔に泥を塗るくらいなら、いっそのこと死んでしまえ！」と怒る。矩随は死のうとするが、悟った母親に「死ぬ前に形見に観音像を彫っておくれ」と頼まれ、一心不乱に製作に打ち込むと……。

花見酒　明治44年（1911）刊『東京風景』より「向島之桜花」。向島の桜は寛文年間（1661〜1672）に四代将軍家綱が苗木を移植し、さらに享保二年（1717）に八代将軍吉宗が植え足したという。国立国会図書館蔵。

囃子長屋《はやしながや》

本所林町の、人呼んで「囃子長屋」。ここの大家は一五歳から頼まれてあちこちで太鼓をたたき、そのご祝儀で長屋を建てたというほど。店子も囃子好きの人間しかおらず年がら年中、囃子の話をしている。神田祭が近づいたある日。囃子の練習と称して一週間、家に帰っていない八五郎は大家とお囃子合戦で盛り上がるが、家に帰ると夫婦喧嘩が始まって……。

反魂香《はんごんこう》

夜中に鉦を叩いて回向をしている長屋の坊主の所に、八五郎が文句を言いに来た。訳を聞くと坊主は元・島田重三郎という浪人で、吉原の高尾太夫と末は夫婦にと惚れあっていたが、伊達公が無理矢理身請けして、それでもなびかない高尾を斬り殺してしまった。重三郎は脱藩して、高尾と取り交わした魂を返す反魂香を焚いて回向をしていたという……。

反対車《はんたいぐるま》

終電までに上野駅に行きたい男が、車屋を拾った。しかし人力車はボロなうえに車屋自身が心臓病でのろのろ走るので、全ての車に抜かれてしまう。あきれかえった男は、車賃を払って別の車屋を拾った。今度は威勢がよく、今まで人間には抜かれたことがないという速さ自慢。しかし弾丸のように飛ばしすぎるわ、ジャンプするわで生きた心地がしない……。

引越《ひっこ》しの夢《ゆめ》

店に若い者が多いため、間違いが起きぬようにと「女中はなるべく不細工な女子を」とおかみさんに頼まれる丁稚の定吉。しかし番頭に一〇銭で買収されてべっぴんの女中を連れて帰ると、いつもは夜遅くまで働かせる番頭が、夜ふけに女中のところにへ忍び込もうという算段で店を早じまいする。しかし二番番頭と三番番頭も同じことを考えていて……。

一目《ひとめ》上《あ》がり

八つぁんが隠居の家にある「雪折れ笹」の掛け軸の絵についた歌の意味を聞いて感心し、「音羽屋！」と褒めると、隠居に「結構なさん（讃……絵に添える詩文）ですね」と言いなさいと諭される。早速、大家さんの家の掛け軸の字を読んでもらい、「結構なさん（三）ですね」と褒めると「これは亀田望斎先生の詩（四）だ」と言われ、次の医者のところで「結構な四ですね」と褒めると今度は「これは一休禅師の悟(五)だ」と言われ……。

【豆知識】 有名な前座噺だが、伸縮自在でアドリブを入れたり、洒落のアレンジも容易にできる「とんとん落ち」なので大物もよく演じる。

一人《ひとり》酒盛《さかもり》

飲んべえの熊は引っ越ししてうまい酒を貰ったから一緒に飲もうと、留さんを呼びつけて、言葉巧みに留さんに刺し身を買わせて燗の用意までさせる。しかも自分だけが飲み始めて、留さんがそれとなく催促しても取り合わず、最後にはベロベロになり留さんを馬鹿呼ばわり。ひと口も飲めずに留さんが怒って飛び出すと、そこに出前を頼まれたうどん屋が到着。「今、注文しに来た人が、えらい怖い顔で出て行きましたよ」と言うと、熊は「放っておけ、酒癖の悪い男だ」

【豆知識】 もともと上方落語で、酒飲みで知られた六代目笑福亭松鶴の十八番。東京では六代目三遊亭圓生が得意とした。

雛鍔《ひなつば》

植木職人の熊が出入りのお屋敷の庭の手入れをしていると、お屋敷の若様がお庭に現れて穴開き銭を拾う。金を初めて見たのか「お雛様の刀の鍔か？」と聞くと、お供のものが不浄のものだからと捨てさせる。その上品さに感心した熊は、女房にそのことを報告して、それに比べて八歳の息子の金坊は何かにつけて小遣いをせびると愚痴をこぼす。そこへお店のご隠居がやってきて、話を盗み聞きしていた金坊がわざとふたりの前で若様の真似をすると……。

【豆知識】 主な演者は三代目三遊亭金馬、八代目橘家圓太郎、三代目古今亭志ん朝。後に上方落語にも導入された。

干物箱《ひものばこ》

伊勢屋の若旦那、幸太郎は家を出ると帰ってこない遊び人。その日も「銭湯に行く」と言って出たが、向かうところは吉原。しかし父親の怒りを避けるために、声色の得意な友達の善公に代役をやらせようと思いつく。渋る善公を、小遣いと羽織一枚で買収して一緒に伊勢屋へ戻ると、善公に表から声をかけさせ、親父が騙されたのを確認して遊びに出かけるが……。

百年目《ひゃくねんめ》

やり手で主人の信頼も厚い大店の番頭。堅物でうるさく奉公人には陰で毛虫のように嫌われているが、店での顔は表向きで実は大変な遊び人だった。得意先廻りに行くと嘘をついてこっそり屋形船で芸者や幇間をあげてのどんちゃん騒ぎ。折しも花見の季節で船を下りて「目ソ無い千鳥」という遊びを始めた。番頭が誰かを捕まえて「そうれ。お面を拝見」と目隠しを取って見ると相手はなんと大旦那。番頭はショックを受けて寝込んでしまうが……。

【豆知識】元々は上方落語の演目で、のちに東京に移植された。多くの登場人物を描き分け、踊りの素養も必要な大ネタで大看板によって演じられてきた。

富《ふ》士《じ》詣《まい》り

富士詣りの途中に空に雲が出てくると先達が「五戒を破った者は天狗が出てきて罰せられるぞ」と一行のものを脅かし始めた。それを聞いた一人が震えだし、懺悔をすれば助かるといわれ、町内の銭湯へ行った帰りに他人の立派な下駄を履いてきてしまったと告白する。さらに五戒のなかで最も重い罪の邪淫戒（姦淫のこと）を破った熊が懺悔を始めて……。

普《ふ》段《だん》の袴《はかま》

上野広小路の武具店に立派な身なりの侍が立ち寄った。店先の床机で、銀無垢の煙管に上等な煙草を詰めて一服すると、店の鶴の絵を褒めて、主人と風流なやりとりをする。はずみで火玉が飛んで袴へ落ちても「これは普段の袴だ」と鷹揚なもの。これを見た長屋の八五郎。自分も真似をしようと印半纏に大家に借りた袴という格好で先程の店に出かけるが……。

仏《ぶっ》師《し》屋《や》盗人《ぬすっと》

ある夜、盗人が仏師屋（仏像を彫る職人）の家に入り、刀を抜いて「金を出せ」と脅すが、仏師屋は平然と「引き出しに一両二分の金があるから持って行け」と言い放つ。調子が狂い、逃げようとした盗人が奥のふすまを開けると、目の前に背の高い人影が見えたため、思わず刀を振り回して首を切り落としてしまう。しかしそれは仏師が直した仏像の首で……。

不《ふ》動坊《どうぼう》

真面目で堅実な利吉に縁談を持ちかける長屋の大家。相手のお滝は急死した夫の講釈師、不動坊火焔の借金三五円を立て替えられる人へ嫁ぎたいと言い、お滝に惚れていた利吉は快諾。しかし銭湯にいった利吉はつい長屋のやもめ男三人の悪口を言ってしまい、偶然に銭湯にいたひとりに聞かれてしまう。腹を立てた三人は結婚を破談にしようと計画をたて……。

船徳《ふなとく》

勘当され船宿の二階に居候している若旦那の徳。退屈と好奇心とで船頭になるが、客を川に落としたりヘマが多いので仕事がない。馴染みの二人客が浅草寺詣りの日に船を頼みにきたが、全員出払っていて渋るお女将に頼み込み、徳が船を出すことになった。しかし船を操れず、客に文句を言いながらグルグルと旋回。船は流され最後は客は止むをえず桟橋まで川の中を歩くことに。振り返って舟の中の徳に「大丈夫か」と声をかけると「お上がりになりましたら船頭を一人雇って下さい」

【豆知識】幕末の初代古今亭志ん生作の「お初徳兵衛浮名の桟橋」という人情噺の発端部を滑稽噺としたもの。

文違い《ふみちが》

新宿遊廓のお杉は、父親に三〇両の金の無心をされたと、馴染み客の半七と角蔵から合わせて二〇両を巻き上げる。しかし金を渡す相手は目を患う間夫である芳次郎だった。しかし芳次郎が置き忘れた手紙を見て、別の女へ貢ぐ金だったと知る。そのころ半七も芳次郎からお杉に宛てた金の無心の手紙を見つけて、二人は大喧嘩となる。それを聞いた角蔵は……。

風呂敷《ふろしき》

幼なじみのお崎のところへ遊びにきた半七。二人で語り合っていると、亭主の熊五郎が帰ってきた。嫉妬深い亭主に殺されかねないとお崎は半七を戸棚に押し込んで隠すが、熊は問題の戸棚の前に寝そべると大いびきで寝込んでしまう。そこへ鳶頭の政五郎がきたのでお崎が相談すると、快く後処理を引き受けてくれ、隣家から風呂敷を借りてきて……。

文七元結《ぶんしちもっとい》

左官の長兵衛は腕はいいが、博打好きのせいで借金だらけ。見かねた娘のお久は吉原の大店、角海老に自分の身を売って急場をしのぎたいと駆け込んだ。角海老の女将は返済期限を過ぎたらお久に客をとらせるという条件で、長兵衛に五〇両渡す。悔恨の心持ちで長兵衛が吾妻橋まで来ると、身投げ寸前の若者がいて訳を聞くと近江屋の手代で、集金の帰りに怪しげな男に五〇両を奪われたという。押し問答の末、長兵衛は若者に五〇両を叩きつけたが……。

【豆知識】　初代三遊亭圓朝の創作の人情噺で歌舞伎化もされた。長くて人物描写も難しい一題で、これができれば一人前ともいわれる。

へっつい幽霊《ゆうれい》

とある古道具屋で竈《へっつい》を三円で買っていった男が、夜中にへっついからチロチロと火が出て、幽霊が出てきたと返しにきたので、二円で引き取り店頭に並べるとまた売れた。しかし次の客も夜中になると返しにくる。品物は下取りできる上に、一円ずつ儲かると初めは大喜びしていた古道具屋。しかし次第に〝幽霊の出る道具を売る店〟と閑古鳥が鳴く始末。長屋の住人に一円付けて引き取ってもらった。するとへっついの中から三〇〇円入った包みが出てきたので遊郭やら博打やらで使ってしまう。その夜、持ち主の幽霊が現われて「金を返せ」と大騒ぎ……。

【豆知識】　元ネタは上方落語の『かまど幽霊』。

棒鱈《ぼうだら》

料理屋で熊五郎と寅吉が飲んでいると、隣の座敷に芸者が入り、訛りのきつい田舎侍が騒ぎ

へっつい幽霊　明治中期に撮影された台所の風景。スタジオに道具類を持ち込んでの撮影だ。左の女性が火吹き竹で空気を送り込んでいるのがへっつい（竈）。へっついがあるのはそこそこいい暮らし向きで、調理器具は真ん中の女性が団扇で扇いでいるような七輪のみという世帯も多かったらしい。放送大学附属図書館蔵。

だした。好きな料理は赤ベロベロ（マグロ）の醤油漬けなどの物言いも野暮ったく、歌も下手クソで我慢がならなくなった熊五郎。侍の顔を見てやろうと止める寅吉を振り切って廊下から覗き込もうとしたところ、体勢を崩して座敷に突っ込んでしまう。侍と熊五郎は大喧嘩になり、料理人が仲裁に入るが……。

包《ほう》丁《ちょう》

清元の師匠のおあきのヒモである常は、若い女ができたので、おあきと別れる際に一儲けしようと、弟分の寅に芝居を打ってくれと持ちかける。寅がおあきの家で酒を飲んで常を待っているうちに手を出すふりをする。そこへ出刃包丁を持った常が現れて、間男をしたとおあきをなじり、吉原に売り飛ばして金を山分けしようという算段だ。ところが当日になると……。

星《ほし》野《の》屋《や》

水茶屋の女、お花との関係が奥方にばれて、手切れ金を持って会いにいった星野屋の旦那。話をするうちにふたりで心中することになり、手を取り合って吾妻橋に着く。ところが旦那が先に飛びこんでしまうと、お花は気分が変わって家に帰ってしまった。しかしそのあとに旦那の知人から「旦那の幽霊が現れて『これから毎晩あの女のところに出て取り殺してやる』と言っている」と聞かされて……。

牡《ぼ》丹《たん》灯《どう》籠《ろう》

根津の清水谷に住む萩原新三郎という若い浪人のもとに、毎夜、若い娘のお露、女中のお米の二人が通って来る。しかし二人は幽霊で、日に日にやつれる新三郎を心配した人相見の白翁堂は、お露の墓のある寺院の和尚に頼んで、死霊除けのお守りとお札を授けた。しかし幽霊たちは下男夫婦に金を与えて札をはがさせ、恋しさ余ったお露は新三郎をとり殺す……。

牡丹灯籠　『新形三十六怪撰　保多舞とうろう』大蘇芳年（月岡芳年）作。『牡丹灯籠』は三遊亭圓朝が中国明代の小説『牡丹燈記』に着想を得て創作した落語。『牡丹燈記』は亡霊と人間の恋愛と亡霊退治がストーリーの軸だが、『牡丹灯籠』は加えて裏切りや刃傷沙汰、母子邂逅、仇討ちなどが絡む怪談噺であり、人情噺だ。国立国会図書館蔵。

本《ほん》膳《ぜん》

庄屋の家の祝言の席に呼ばれた村人三六人。しかし誰もが本膳の作法や礼式を知らなかった。困った村人たちが手習いの師匠の所へいくと、「今夜では教えているヒマがないので、羽織だけは着て、食事は自分の真似をするように」と言われて宴席に臨む。しかし師匠が箸をすべらせたり、飯粒を鼻にくっつけたりと失敗まで全部真似をしてしまい……。

ま

松《まつ》曳《ひ》き

粗忽な殿様が、同じく粗忽者の家老の田中三太夫に、先祖代々の赤松を池の傍に植え替えるように命じる。呼ばれた植木職人の八五郎は三太夫に「殿の御前では言葉には必ず『お』と『たてまつる』をつけるように」とアドバイスを受けるが、おかげで会話は意味不明。三太夫が自邸に戻ると「御殿様の御姉上、御死去」という書状が届いていた。驚いて殿に報告したが、読み間違いで自分の姉だということに気づき平謝り。殿様は「余の前で腹を切れ」とカンカンだったが、少し考えたあとに「切腹には及ばぬ。予に姉はいなかった」

【豆知識】『そこつの使者』などと並ぶ有名な粗忽噺。

松山鏡《まつやまかがみ》

正助は両親が死んで一八年間、墓参りを欠かさなかった。地頭が褒美に何か欲しい物はないかと聞くと「夢でもいいから一度、おとっつぁんの顔を見たい」と言う。地頭は名主に正助が死んだ年の父親に瓜二つだと聞くと、鏡を持ってこさせて正助に覗かせた。鏡を知らなかった正助は自分の顔を見て、父親が写っていると感違いして泣きだしてしまい……。

万金丹《まんきんたん》

江戸から流れてきた二人旅の男。文無しになって宿を求めた山寺で出家させられ居候の身となった。しかし、飲む、打つ、買うを禁止されて毎日がつまらなくて仕方ない。そんな折、住職の留守中に、近所の金持ちの葬式を頼まれ、香典目当てに出かけていった。経文は口からでまかせで何とか済ませたが、戒名も頼まれてしまいとっさに側にあった丸薬の「万金丹」の袋を見て……。

饅頭《まんじゅう》こわい

町内の若い衆が集まり、嫌いなもの、怖いものを言いあっていると「世の中に怖いものなどあるものか」とうそぶくひとりの男。しかし何度も問われると小声で「まんじゅう」とつぶやく。一泡吹かせようと、みんなで金を出し合い饅頭を買いこんで、男の寝所へどんどん投げ込んだ。様子を窺っていると、男は悲鳴をあげて「怖いよ〜」とおろおろしながらも、いつのまにか饅頭を全部食べてしまう。男たちは騙されていたことに気付き「おめぇが本当に怖いものは何だ！」と聞くと男は「今度は、濃いお茶が一杯怖い」

【豆知識】『時そば』『目黒のさんま』などと並んで、古典落語の有名演目。

木乃伊《みいら》取《と》り

集めた掛金を持って吉原から帰らない若旦那。番頭を迎えにいかせるが五日間帰ってこない。次に鳶頭を使いに出すがこれも七日間帰ってこないというありさま。怒り心頭の大旦那に飯炊きの清造が自分が迎えにいくと言い出した。お内儀から巾着袋の金を渡された清造は「一緒に旦那に謝ってあげるから早く帰ってくるように」と言付けられて吉原へ向い、頑強な態度で渋る若旦那を説得したが……。

【豆知識】演目の由来は「木乃伊取りが木乃伊になる」ということわざから。若旦那が逗留していて、他の演目でもよく登場する「角海老」は明治の初めにできた格式の高い大見世だった。

木乃伊取り　『新吉原京町一丁目角海老屋内』香蝶楼国貞作。角海老の三枚看板だろうか、三人の花魁が描かれている。木乃伊になるのも無理がないかもしれない。国立国会図書館蔵。

水《みず》屋《や》の富《とみ》

ある水屋が富くじを買ったら一〇〇〇両富に当たった。「これで体がきつくて実入りも少ない水屋から足が洗える」と大喜びだったが、金を隠す場所に困ったあげく、畳の下につり下げて縁の下から毎日竿で突ついて確認することにした。それでも心配で、周りの人間がみんな盗人に見えるようになり、仕事に身が入らずクレーム急増。夢の中でも強盗に襲われる始末で眠ることもできない。そんなある日、からくりを見抜いた男が金を盗み出す。帰ってきた水屋は、金がなくなっているのに気付くと「これで苦労がなくなった。今晩からゆっくり寝られる」

【豆知識】江戸は水道網が発達していたが、本所や深川などの隅田川の対岸地域はその恩恵を受けられず、天秤棒をかついで来る水屋から水を買っていた。人々の日常生活を支える重要な商売だが収入は少なかった。

味《み》噌《そ》蔵《ぐら》

どケチで評判の味噌問屋のケチ兵衛は、所帯を持てば金がかかると、四〇近くになっても結婚せず、やっと嫁がきても、金を惜しんで実家で出産させる。子供が生まれるとさすがに嫁の実家に泊まることにしたが、出がけに火事で焼けたらオカズにするので、店の味噌で蔵の目塗りをしておけと言いつける。奉公人たちは鬼の居ぬ間にと大喜びで宴会を始め……。

三《み》井《つい》の大《だい》黒《こく》

八丁堀で大工の仕事ぶりにけちをつけた男が殴られた。棟梁の政五郎が仲裁に入り、男が上方の大工だとわかるとポンシュウと呼んで居候にする。板削りを命じられたポンシュウが削った二枚の板を重ねると板はぴったりと重なり力を込めてもはがれない。棟梁はポンシュウの腕に感心して気が向くまでぶらぶらしていいと言うが、今度は女房が怒りだし……。

宮《みや》戸《と》川《がわ》

友人宅で将棋を指して帰りが遅くなり、締め出しを食った小網町の半七は、同じように閉め出された幼なじみ、お花と行き会った。半七が霊岸島の叔父の家に泊めて貰うつもりでいると言うと、お花も自分も一緒に泊めて貰えないかと言い出し断ってもついてくる。近所で「飲み込みの久太」と呼ばれるほど早合点の叔父は、案の定ふたりの仲を誤解して……。

妾《めかけ》馬《うま》

大名、赤井御門守が、長屋の娘、お鶴を見初め側室にと言う。母はお鶴の出世を喜び、兄の八五郎も支度金が貰えると浮かれて話はすぐにまとまった。お鶴はお世継ぎの男子を生んで「お鶴の方さま」と呼ばれる高貴な身分となる。そのお鶴に呼ばれて屋敷に呼ばれた八五郎だが、二〇〇両の支度金は遊んで使い果たしている。仕方なく大家に着物を借りて、御前へ出ると珍妙な丁寧語で御門守に話しかけるが、普段通りにしろと言われ、傍若無人に振舞い始めるが……。

【豆知識】殿様に面白がられた八五郎が侍に出世とするいうので、別名『八五郎出世』ともいう。

目《め》黒《ぐろ》のさんま

目黒まで遠乗りに出た殿様ご一行。供が弁当を忘れてしまい、腹をすかせているところに、そばの農家から旨そうな匂いが漂ってくる。殿様が何の匂いかと聞くと供は「これは庶民の食べる下衆魚、さんまというものを焼く匂い。殿のお口に合う物ではございません」と言うが、殿様は強引に持ってこさせた。食べてみるととても美味しく、殿様はさんまを大好きになり親戚の宴席で所望するが、骨を抜いてグズグズになったものが出てきて……。

【豆知識】作者不明の古典落語。この噺を元に、平成八年（一九九六）から「目黒のさんま祭り」が東京・目黒駅前で開催されている。

もう半《はん》分《ぶん》

永代橋の側の居酒屋へ毎晩やってくる老人は、いつも五勺（一合の半分）の酒を飲み終わると「もう半分」と言ってまた五勺の酒を注文していた。ある日、老人が忘れていった風呂敷包みが重いので開いてみると五十両の大金が入っており、夫婦は戻ってきた老人にシラを切って追い出だす。金を奪われ悲嘆にくれた老人は酒屋の夫婦を呪い、橋から川に身を投げた……。

元犬《もといぬ》

近所のご隠居に「白犬は人間に近く、信心すれば来世には人間に生まれ変われる」と言われた野良犬のシロ。一念発起して蔵前八幡にお百度を踏み、満願の日ににわかに毛が抜けて人間の姿になった。大喜びしたシロは只四郎という名前になり、ご隠居に仕事の世話をしてもらうが、奉公先にいくと失敗ばかり。仕方なく変わ

元犬　東京都台東区の蔵前神社境内にある元犬の像。落語愛好家による奉納建立。

りもの好きの千住のご隠居のところにいったが、ここでも犬の習性が出てしまい……。

【豆知識】　有名な前座噺で明治期では三遊亭圓朝が『戌の歳』、二代目柳家小さんが『白狗』と題して演じた。五代目古今亭志ん生もアレンジを加えて得意とした。

百川《ももかわ》

老舗の料理屋百川楼に奉公にきた田舎者の百兵衛。訛りが強くて主人も何を言っているかわからない。案の定、客とも話が噛み合わずトラブルとなるも「長谷川町の常磐津の歌女文字《かめもじ》を呼んでこい」という使いを頼まれる。しかし長谷川町に着くと「頭に『か』が付く偉い人」としか思い出せず、間違えて医者の鴨池玄林の家に入って、百川で斬られた客の治療のために呼びにきたと勘違いされて……。

【豆知識】　六代目三遊亭圓生の十八番で、現在でも柳家小三治など多くの落語家が高座にかける。百川楼は幕末にはペリーも接待したという、明治初頭まで続いた高級料亭。

や

薬罐《やかん》

隠居の家を訪れると「おいグシャ（愚者）、茶でも飲まないか」と言われた八五郎。意味を知ってカチンときたので、隠居が物知りなことを逆手にとって質問攻めにする。「薬缶」の名の由来を聞くと「若武者が敵襲に備え、兜代わりに被ったのが水沸かし。矢が当ってカンと鳴るからヤカン」。そして「やかんの口は名乗りが聞こえるための耳代わり」と言われ……。

厄払《やくばら》い

何をやらせてもダメな与太郎に伯父さん夫婦が説教。大晦日に、厄払いに回って豆とお銭をもらってこいと、厄落としのセリフを教えるが覚えられず、紙に書いて出かける。案の定うまくいかずにやけくそで怒鳴って歩くと、ある商家から声をかけられた。しかし、おひねりを前払いで催促した上に、もらった豆を齧って茶を飲んで帰ろうとするのであきれられ……。

弥次郎《やじろう》

御隠居が茶を飲んでいると、ホラ吹きの弥次郎がやってきて蝦夷に武者修行に行っていたと言う。話を聞くと、寒過ぎておはようの声が凍っちまうんで、それを旅館の目覚まし用に売っている。凍った火事を売ろうと運んだが途中で溶けて牛が丸焼けになったなどと言いたい放題。さらに山賊を撃退した話を始め、襲ってきた猪の背中にまたがり、ふぐりをつかんで気絶させたら、庄屋のひとり娘に惚れられて追いかけられたと語るが……。

【豆知識】 噺の内容は連続小話集で、後半は道成寺伝説のパロディ。三代目三遊亭金馬、六代目三遊亭圓生、五代目三遊亭圓楽などの得意演目だった。

宿屋《やどや》の仇討《あだう》ち

大坂の日本橋の宿屋に「昨晩の宿がうるさくて眠れなかったので、静かなところで休みたい」と侍が泊まった。しかし後から隣の部屋に来た伊勢参り帰りの喜六、清八、源兵衛の三人連れが芸者を呼んで騒ぎ出し、侍の苦情で手代の伊八が注意する。三人は逆ギレ状態で息巻くものの「相手はお侍でっせ」の一言を聞いて不貞寝を決め込むが、寝付くこともできずにやがて色事話を始める。侍は隣室で語られたあるエピソードを耳にして……。

宿屋《やどや》の富《とみ》

宿屋の客が主人に自分には構うなと言う。聞くと、金があり過ぎて他人に構われないようにわざと貧しい身なりをしているという。そこで宿屋の主人は、副業でやっている富札を、一分で一〇〇〇両当たると売りつけ、客は「邪魔なので、当たったら五〇〇両を主人にやる」と約束する。しかし客は実は貧乏でその一分が最後のお金。一文無しになったので、適当にずらかろうと計画するが、なんと富くじが当たってしまい……。

【豆知識】 上方落語では『高津の富』と呼ばれ、三代目柳家小さんが東京に持ち込んだ。富くじとは神社仏閣が修理・改築費用を捻出するために売っていたもの。

藪入《やぶい》り

藪入りの日、門前で立派に挨拶をする亀吉を見て、両親は感涙。まずは汗を流しにと湯屋へ行かせると紙入れを忘れている。その妙な膨らみを不審に思った母親が中を見ると、中には一五両もの大金が入っていた。小遣いにはあまりにも高額なため、二人は亀吉が悪事に手を染めたのではないかと思い心配しながら帰りを待つが、喧嘩っ早い職人肌の父親は、戻ってきた亀吉を有無を言わさずに殴り飛ばしてしまう……。

【豆知識】 藪入りの前日、待ちかねた両親が亀吉が帰ってきたらお祭りに連れていこう、好物を食べさせようなどと、やきもきして妄想を巡らすシーンは聴き所。

柳田格之進《やなぎだかくのしん》

浪人の柳田格之進は、娘、絹との二人暮らし。貧乏だが誇り高い実直な人柄で、碁敵の萬屋源兵衛と戦うのが唯一の楽しみだった。ある晩、格之進と碁を打ったあとに店の集金五〇両が消えているのに気付く源兵衛。番頭が奉行所に訴えると告げると柳田は「五〇両は出すが、もし他所から出てきたら何とする」と迫り、番頭は自分と主の首を差出すと開き直る……。

山崎屋《やまざきや》

道楽者の若旦那のために一計を案じた番頭。ねんごろの吉原の花魁を身請けして、お屋敷奉公していたかみさんの妹ということにして嫁に迎えた。隠居した旦那が嫁に質問。「奉公していたのはどこだったのかい?」「北国（吉原）ざますの」「北国、加賀様か。お女中の数も多いのだろうな」「三〇〇〇人（吉原の遊女の数）ざますの」と話がちぐはぐで……。

夢金《ゆめきん》

山谷堀の吉田屋の船頭、熊蔵は寝言で「二〇〇両が欲しい」と唸るような守銭奴。ある雪の日に浪人風の男が、妹と称する若い女を連れて、大橋まで船を一艘頼みにきた。熊は寒いからと渋っていたが、酒手が十分に出ると聞き、大張り切りで船を漕ぎだす。すると侍が居眠りをする娘の横で、「この娘は妹ではなく、犬に襲われたところを助けた。介抱したら財布に二〇〇両入っていたので始末するのを助けたら一〇〇両やろう」と言い出し……。

【豆知識】『芝浜』などと同じく緻密な構成と描写力で、最後まで夢オチであると客に悟らせず、噺を運ぶ力量が必要とされる大真打の演目。

湯屋番　『肌競花の勝婦湯』豊原国周作。画面左端に番台の男が裸で座っている女に煙管を渡そうとしているのが見える。若旦那は時間帯が悪かったのだろうか。国立国会図書館蔵。

湯屋番《ゆやばん》

遊びが過ぎて勘当され、大工の熊五郎宅に居候中の若旦那。まったく働かないので困った熊が奉公を勧めると「日本橋の槇町の女将が美人な湯屋に行きたい」と言う。熊が紹介状を書くと、意気揚々と湯屋にやってきた若旦那。木屑拾いは嫌、煙突掃除も嫌、主人がダメだと言うのに強引に番台に座ってしまう。ところが当て外れで女湯は空、男湯はギッシリ。がっかりした若旦那はだんだん妄想の世界に入り込んでいく。湯にきた女が自分に惚れてしまって、女の家に上がることになって、酒や肴が出て、雨が降って、雷が鳴って、そして番台で一人芝居が始まって……。

【豆知識】　道楽者の若旦那が主人公の滑稽噺。江戸時代から続く古い噺で、三代目柳家小さんが現代風の型を作った。

よかちょろ

道楽がひどい若旦那。一昨日から集金に行ったきり戻らないので旦那はカンカンになり、番頭に八つ当たりする。そこへようやく若旦那が帰ってきたが、集金した二〇〇円の金は一銭も残っていないという。旦那が使い道を問いただすと、若旦那は少しも騒がず、無駄な出費ではない。まず髭剃代が五円、あとは「よかちょろ」が四五円だと答える。「よかちょろ」とは何だと聞くと……。

四段目《よだんめ》

丁稚の定吉が、使いに行ったっきり帰って来ないことが続くので旦那が不審に思うと、番頭が「芝居小屋に入っていくところを見た」と言う。定吉に詰問すると言い訳をするがボロが出てきて終いには「今、観てきたんです！」と白状したので、罰として蔵の中に閉じこめた。空腹になった定吉は『仮名手本忠臣蔵』の四段目を思い出しながら一人芝居を始め……。

淀五郎《よどごろう》

『仮名手本忠臣蔵』の初日前に塩冶判官の役者が急病となり、座頭の市川團蔵は若手の澤村淀五郎を抜擢する。淀五郎はここぞと張り切るが、演技が過剰になって肝心の「判官切腹の場」になると、大星由良助役の團蔵は舞台に出てこない。淀五郎はどのように演じればよいかと團蔵に訊くが「お前は役者だろ。そんなこともわからなら死んじまえ」と罵倒されて……。

ら

ライオン

仕事が続かない男が、午前一〇時出勤で、力仕事もしゃべる必要もなく、昼食、昼寝付き一日一万円という仕事に飛びついた。仕事先はなんと移動動物園で、園長は男に、「目玉の虎が死んだので、毛皮をかぶってなりすませ」と言う。男は檻の中で……。

らくだ

乱暴者で嫌われ者のラクダという男の長屋に兄貴分の半次がやってくると、ラクダが死んでいた。葬儀を出してやりたいが金がないので、半次は屑屋の久六を使って、いやがらせまがいの方法で、月番に香典を集めさせ、大家には通夜の酒と料理を届けさせ、八百屋からは棺桶代わりの漬物樽を手に入れた。葬式の準備は整ったが、今度は久六が酒乱となり……。

悋気《りんき》の独楽《こま》

ある商店の主人が、外出したまま帰ってこない。妻は妾を囲っているのではと疑うと女中のお松が「丁稚の定吉が旦那さんのお供をしとります」と密告する。主人に小遣いで買収された定吉は帰って妻に嘘をつくが、妻に倍の小遣いをやると言われて、妾宅の所在地を白状する。さらに妻は、定吉の懐から主人が泊まる家を決めるというに三つのコマを見つけて……。

悋気《りんき》の火《ひ》の玉《たま》

浅草花川戸の鼻緒問屋、立花屋の主人が馴染みの花魁を身請けして根岸に妾宅を持つと、妻はお茶を頼んでも「あたしの入れたのじゃ、おいしくないでしょ」と返し、五寸釘で藁人形を打ち付け始めた。この噂が妾の耳に入ると、妾は妻より長い六寸釘で呪い出し七寸、八寸、九寸となって、そのうち同じ日の同じ時刻に二人とも急死してしまう。その後毎晩、立花屋の蔵と根岸の方から陰火が上がり、大音寺でぶつかっているという噂が立ち、主人は和尚の伯父に陰火を成仏させてもらうことにしたが……。

【豆知識】『悋気の独楽』『一つ穴』と同じく女性の嫉妬がテーマの悋気噺。

ろくろ首　『百怪図巻』佐脇嵩之作。30体の妖怪を描いた絵巻物のなかの「ぬけくび」。いくら資産家の娘で器量よしでもこれでは寝ていられない。

六尺棒《ろくしゃくぼう》

若旦那が夜遅くに家に帰って来ると戸が締まっている。戸を叩いて「息子の孝太郎ですよ」と言うと、「孝太郎のお友達ですか。家にも孝太郎と言う息子がおりますが、どうしようもない道楽息子で、親戚一同協議の上勘当となりましたのでそうお伝えください」と親父の声。若旦那は悪態をついて家に放火しようとするが、親父に六尺棒を持って追いかけられ……。

ろくろ首《くび》

二六歳になり嫁が欲しくなった与太郎。叔父に相談するとお屋敷のお嬢さんを紹介されるが、このお嬢さんが夜中になると首が伸びて行灯の油をぺろぺろ舐めるいう。夜は一度寝たら起きないたちだから大丈夫だと、器量よしの娘さんを気に入った与太郎は婿入り結婚を決める。婚礼の夜のこと。床が変わりさすがに寝付きが悪くなって、夜中に目を覚まして横を見ると……。

わ

藁人形《わらにんぎょう》

托鉢して小金を貯め込んでいる願人坊主、西念に、元神田のぬか問屋の一人娘で、今は女郎のお熊が声をかけた。父親の命日の供養の経をあげてもらい酒を振舞いながらお熊は、父親そっくりの西念を引取って「堅気になって絵草子屋でもやりたい」と言う。西念は、絵草子屋を買う金の一部として三〇両を渡してしまうが、お熊に騙されていたことを知って……。

第6章

落語年表

落語の発祥から現在までの歴史を辿る。
日本の世相とあわせて、
落語界、落語家にまつわる変遷を年表で読む。

落語年表

【誕生と確立】

西暦	和暦	落語界のできごと	世相
一六二八	寛永五	豊臣秀吉の御伽衆であった安楽庵策伝が聞き覚えた笑い話、約一〇〇〇話を集めた書**『醒睡笑』**八冊を著した。	
一六四一	寛永一八		鎖国体制の確立。
一六七三	延宝元		後に歌舞伎の荒事を大成する初代市川團十郎が一四歳で初舞台を踏む。歌舞伎は江戸でも京・大坂に劣らないほどの人気を得た。

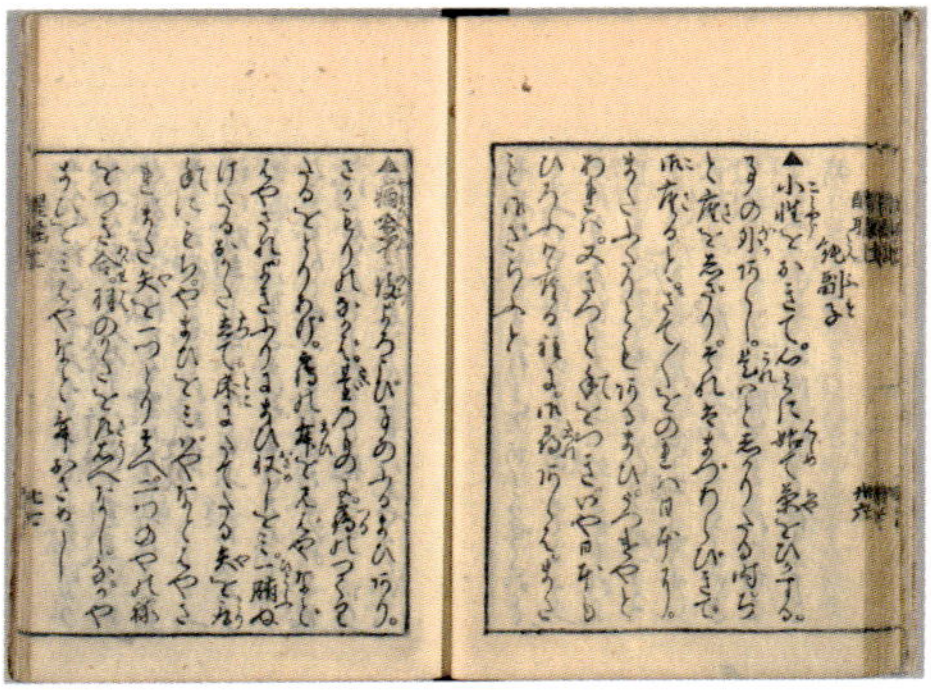

『醒睡笑』 安楽庵策伝作。『醒睡笑』掲載の話を元にした落語が現代でも口演されている。これは万治元年（1658）に発行されたもの。『子ほめ』の由来とされる「鈍副子」のページ。国立国会図書館蔵。

鹿野武左衛門 宮武外骨が著した『筆禍史』より。明治44年（1911）の刊行。鹿野武左衛門が書いた『鹿の巻筆』の中の挿絵が掲載されている。「馬がものいふ物語」という話が筆禍事件の原因になった。詐欺師が流行病に効くものを馬がしゃべったと言ったことから、鹿野武左衛門が刑を受けることになった。国立国会図書館蔵。

一六七八	延宝六		大坂で初代坂田藤十郎は『夕霧名残の正月』で和事の歌舞伎を確立。
一六八八～一七〇四	元禄	京の**露の五郎兵衛**や大坂の米沢彦八が辻噺で、江戸の鹿野武左衛門が座敷噺で評判を得た。	
一六九三	元禄六	江戸の流行病に関して起きた詐欺事件の犯人が**鹿野武左衛門**の小咄をヒントにしたと述べたため武左衛門は伊豆大島に流罪になった。	
一七〇一	元禄一四		赤穂事件（忠臣蔵）が起こる。
一七〇二	元禄一五		松尾芭蕉の『奥の細道』刊行。
一七〇三	元禄一六		近松門左衛門の『曽根崎心中』初演。
一七一六	享保元		享保の改革が始まる（一七四五年まで）。
一七八六	天明六	初代烏亭焉馬が新作落とし噺の会を主催して好評を博す。後に定期的に開催されるようになる。	
一七八七	天明七		寛政の改革が始まる（一七九三年まで）。
一七八九～一八〇一	寛政	現在の寄席の元ができる。初代**三笑亭可楽**が三題噺や謎解きで人気を得る。	
一八〇二	享和二		十返舎一九の滑稽本『東海道中膝栗毛』の刊行が始まる。
一八〇四～三〇	文化・文政	三遊亭圓生の鳴り物を入れた芝居噺、初代船遊亭扇橋の音曲噺、初代林屋正蔵の仕掛けを用いる怪談噺などが人気を得た。江戸の落語は隆盛を極め、文政末期には一〇〇を優に超える寄席があったという。	
			歌川広重の『東海道五十三次』が大ヒットする。
一八四一～四三	天保一四	天保の改革の風俗取り締まりで二〇〇軒以上に増えた江戸の寄席は十数軒に。歌舞伎や出版も統制を受けた。	天保の改革が始まる（一八四三年まで）。
一八五四～六〇	安政	「上方落語中興の祖」と呼ばれる初代桂文枝が大坂で素噺の名人として評判を取る。	

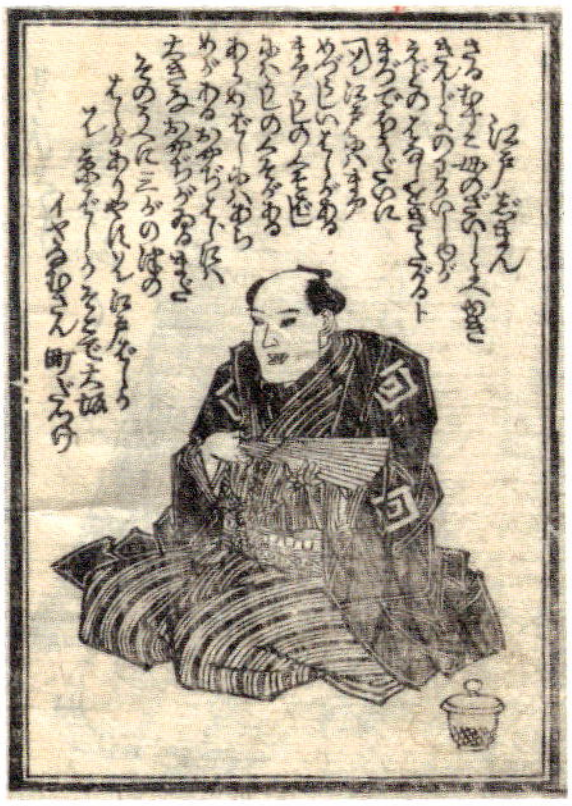

三笑亭可楽　文政6年（1823）に出版された『江戸自慢』より初代三笑亭可楽の肖像。『江戸自慢』は可楽の小咄集。国立国会図書館蔵。

【成熟、そして衰弱】

西暦	和暦	落語界のできごと	世相
一八六八	明治元		王政復古の大号令。
一八七一	明治四		廃藩置県。
一八七二	明治五	「落語中興の祖」と呼ばれる**三遊亭圓朝**がこの頃、芝居噺から素噺にスタイル変更。	天保暦（旧暦）からグレゴリオ暦（太陽暦）に切り替わる。
一八七四	明治七	初代桂文枝死去。	
一八七七	明治一〇	明治一〇年代、初代三遊亭圓遊は「ステテコ踊り」、初代三遊亭萬橘は「ヘラヘラ踊り」、四代目立川談志は「郭巨の釜掘り」、四代目橘家圓太郎は御者のラッパを吹いて人気を得た。この四人は**珍芸四天王**と呼ばれた。	
一八七八	明治一一		東京で電灯が点灯する。

三遊亭圓朝　『圓朝全集　巻の一』より三遊亭圓朝の肖像。1926年（大正15）刊行。国立国会図書館蔵。「落語中興の祖」と称される。二葉亭四迷が坪内逍遙に小説の相談をした際、圓朝の落語通りに書いてみたらどうかというアドバイスを受け、圓朝の速記本を参考にして『浮雲』が誕生した。明治の言文一致運動にも少なからず影響を及ぼしたことになる。国立国会図書館蔵。

一八八四	明治一七	三遊亭圓朝の**速記本『怪談牡丹灯籠』**のヒットをきっかけに落語や講談の速記本が次々と刊行される。	
一八九〇	明治二三		大日本帝国憲法が施行される。
一九〇〇	明治三三	三遊亭圓朝死去。	
一九〇四	明治三七		日露戦争勃発。
一九〇五	明治三八	落語研究会（第一次）が始まる（一九二三年まで）。	
一九一二	明治四五		吉本興業創業。
一九一二〜二六	大正	落語のほか講談、漫談などの寄席演芸が盛んにレコード化されるようになる。	日本蓄音器商会（後の日本コロムビア）発足。大正デモクラシー。
一九一四	大正三		第一次世界大戦勃発。
一九一八	大正七		米騒動。
一九二一	大正一〇	初代桂春團治が吉本興業の専属として高座に上がる。	
一九二三	大正一二	東京落語協会（後の落語協会）が設立される。	関東大震災が発生。
一九二五	大正一四	ラジオ初の落語放送は五代目柳亭左楽の『小言幸兵衛』とされる。	ラジオ放送局の社団法人東京放送局（現・ＮＨＫ）が開局。治安維持法が公布・施行される。
一九二八	昭和三	落語研究会（第二次）が始まる（一九四四年まで）。	大相撲ラジオ実況放送開始。
一九二九	昭和四		世界大恐慌が起こる。
一九三〇	昭和五	日本芸術協会（後の落語芸術協会）が設立される。	
一九三一	昭和六		満州事変が起こる。
一九三三	昭和八		国際連盟を脱退。
一九三六	昭和一一		二・二六事件が勃発。
一九三九	昭和一四		横綱双葉山は三年間無敗だったが六九連勝でストップ。
一九四〇	昭和一五	「警視庁興行取締規則」によって芸能諸団体が「講談落語協会」にまとめられ、警視庁公認の協会に所属しないと出演が不可能になる。	大政翼賛会が結成される。

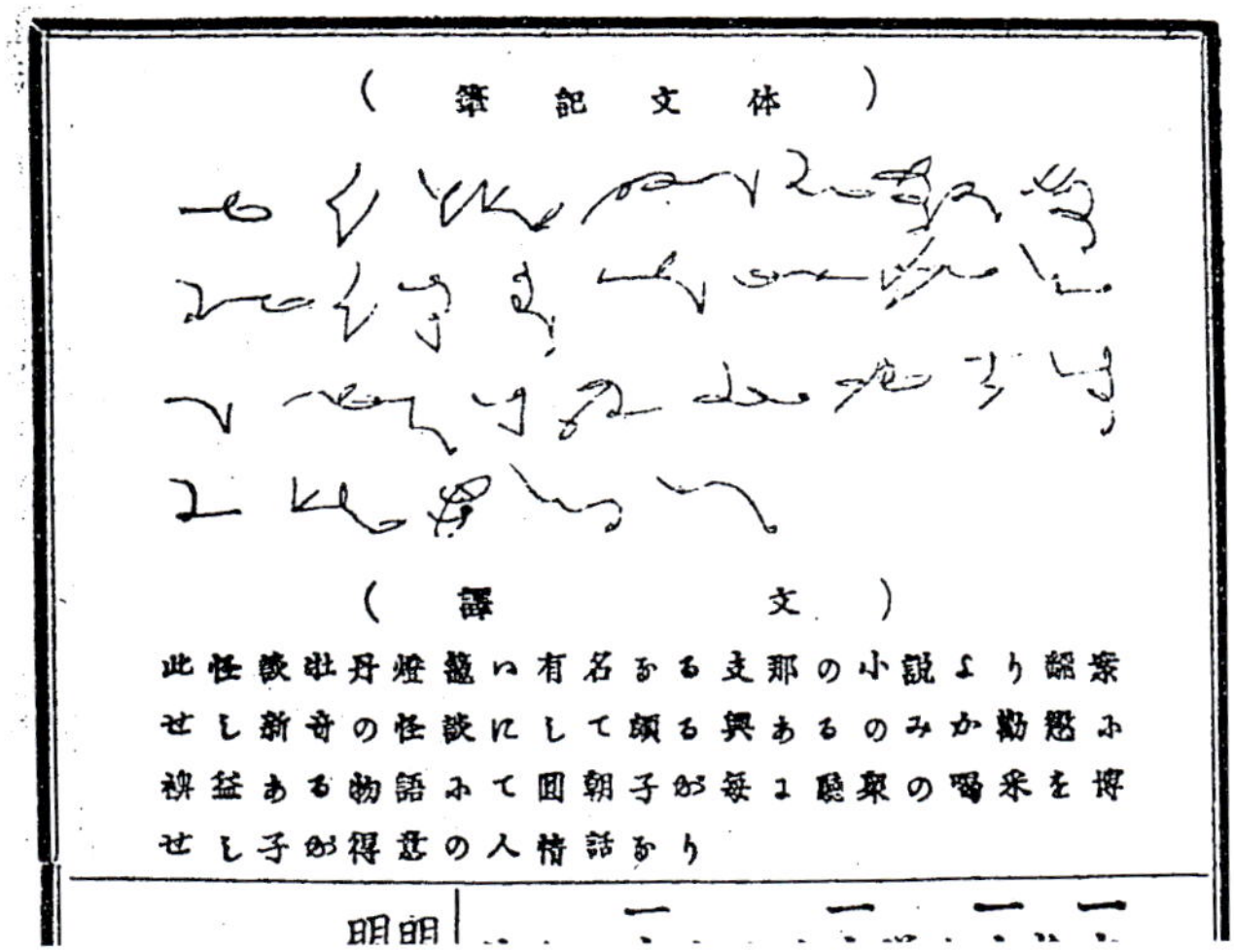

右：**珍芸四天王**　守川周重の『ごぜん上等すててこおどり』。明治13年（1880）刊行。右端の赤い手拭がへらへらの萬橘、右から3人目がラッパの圓太郎、中央がステテコ踊りの圓遊、左端が釜掘りの談志。国立劇場蔵。

左：**速記本『怪談牡丹灯籠』**　明治17年（1884）に出版された『怪談牡丹燈籠』より筆記文体（速記：上段）と訳文の紹介ページ。こういう項目を設けて速記本という新メディアをアピールしていた。筆記者の若林玵蔵は日本初のプロ速記者といわれている。国立国会図書館蔵。

西暦	和暦	落語界のできごと	世相
一九四一	昭和一六	戦時下にふさわしくない噺として五三題を「禁演落語」に選定、東京・台東区の長瀧山本法寺の「**はなし塚**」に葬り、口演を自粛した。	太平洋戦争が始まる（一九四五年まで）。
一九四四	昭和一九		米軍の日本本土爆撃の本格的開始。

【戦後からの復興、そして隆盛】

西暦	和暦	落語界のできごと	世相
一九四五	昭和二〇	四代目柳亭痴楽が戦後初の真打昇進。戦時下の「講談落語協会」は解散し、「東京落語協会」（現・落語協会）と「日本芸術協会」（現・落語芸術協会）の二団体に戻る。	米軍、広島と長崎に原子爆弾投下。終戦。

街頭テレビ　昭和30年（1955）、街頭テレビで力道山のプロレスを観戦する群衆。テレビという新メディアの登場で落語家、そして落語界に激動の時代がやってくる。1955年『アサヒグラフ』より。

はなし塚　昭和16年（1941）、演芸諸団体は53の演目を戦時下にふさわしくないと上演を自粛。浅草寿町（現・東京都台東区寿）の本法寺境内のはなし塚に台本などを納めた。昭和21年（1946）9月にここで禁演落語復活祭が行われ、塚には替わって戦時中の台本が納められた。

西暦	和暦	落語	社会
一九四六	昭和二一	四代目柳家小さん、落語協会会長に就任。三代目三遊亭歌笑が『歌笑純情詩集』で人気を博す。落語研究会（第三次）が始まる（二月～同年八月まで）。都内の寄席一〇軒に。「禁演落語」が解除される。	
一九四七	昭和二二	五代目古今亭志ん生、六代目三遊亭円生が相次いで満州から帰国。	日本国憲法施行。空前のベビーブーム。
一九四八	昭和二三	落語研究会（第四次）が始まる（一九五八年まで）。	
一九四九	昭和二四	五代目志ん生の長男、古今亭志ん橋が十代目金原亭馬生を襲名し、真打に昇進。	湯川秀樹が物理学賞で日本人初のノーベル受賞。美空ひばりがレコードデビュー。この頃、紙芝居が最盛期を迎える。
一九五〇	昭和二五	東京の演芸場の閉鎖が続き、定席が人形町末廣、上野鈴本演芸場、新宿末廣亭、神田立花演芸場、有楽町東宝名人会など七軒になる。人気絶頂にあった三代目歌笑が米軍のジープに轢かれて死亡（三三歳）。	朝鮮戦争が勃発し、特需景気に。プロ野球で「日本シリーズ」が始まる。
一九五一	昭和二六	ラジオ放送局の増加で落語ブームが起こる。寄席の新設が続く。	民間ラジオ放送局の開局が続く。
一九五二	昭和二七		GHQ廃止、占領体制が終わる。NHKの連続ラジオドラマ『君の名は』が大人気に。
一九五三	昭和二八	ホール落語の嚆矢となる「三越落語会」が始まる。NHKテレビ『ジェスチャー』（一九六八年まで放映）で柳家金語楼が国民的人気者に。民放各局は専属契約を結ぼうと、人気落語家の争奪戦が起こる。	シャープが国産初の白黒テレビを発売。NHKに続き、日本テレビがテレビ放送を開始。**街頭テレビ**が登場。
一九五四	昭和二九	八代目桂文楽、落語家として初めて文部省芸術祭賞「素人鰻」で受賞。	自衛隊発足。「第五福竜丸」がビキニ環礁で水爆に被爆。電気冷蔵庫、洗濯機、テレビが「三種の神器」と呼ばれる。
一九五五	昭和三〇	KRテレビ（現・TBS）の『新人落語会』（後に『今日の演芸』に変更）の司会に当時三ツ目の林家三平が抜擢される。	この頃から高度経済成長が始まる（七三年まで）。東京通信工業（現・ソニー）が日本初のトランジスタ携帯ラジオを発売。

三遊亭歌笑　1916～1950年。七・五調で口演する『歌笑純情詩集』が大ヒット。「爆笑王」として一世を風靡したが、人気絶頂のなかで突然の死を迎えた。『サン写真新聞』（1947年）より。

西暦	和暦	落語界のできごと	世相
一九五六	昭和三一	ホール落語「東横落語会」が始まる（一九八五年まで）。	水俣病の初の患者が報告される。経済白書の結語で「もはや『戦後』ではない」と記載される。神武景気。
一九五七	昭和三二	上方落語協会が結成される。五代目古今亭志ん生が落語協会会長に就任。	
一九五八	昭和三三	初代林家三平が真打昇進。披露興業はテレビ番組としてKRテレビ（現・TBS）で放映される。	岩戸景気。東京タワー完成。一万円札の発行。チキンラーメン発売。ロカビリー、フラフープが大人気に。
一九五九	昭和三四	NHK主催のホール落語「東京落語会」が始まる（二〇一六年三月末現在、継続中）。フジテレビで五代目春風亭柳昇が司会の大喜利風のバラエティ番組『お笑いタッグマッチ』放映開始（一九六七年まで）。	安保闘争が起こる（六〇年まで）。『少年マガジン』『少年サンデー』創刊。
一九六〇	昭和三五		国民所得倍増計画が閣議決定された。カラーテレビ放送開始。東芝が国産初のカラーテレビを発売。「ダッコちゃん」人形が爆発的ヒット。
一九六一	昭和三六	八代目桂文楽、落語家として初の紫綬褒章を受ける。	レジャーブーム（スキー客一〇〇万人、登山者二二四万人）。植木等の『スーダラ節』がヒット。
一九六二	昭和三七	ホール落語「精選落語会」が始まる（一九六八年まで）。古今亭朝太、林家照蔵、三遊亭全生がそれぞれ三代目古今亭志ん朝、五代目春風亭柳朝、五代目三遊亭圓楽を襲名し、真打に昇進。	国産第一号原子炉が臨界に達する。堀江謙一がヨットで太平洋の単独横断に成功。
一九六三	昭和三八	柳家小ゑん、七代目（五代目とも）立川談志を襲名し、真打に昇進。	
一九六四	昭和三九	浅草演芸ホール開場。ホール落語「紀伊国屋寄席」が始まる（二〇一六年三月末現在、継続中）。	**第一八回オリンピック東京大会**開催。海外観光旅行が自由化される。
一九六五	昭和四〇	テレビで寄席演芸番組の枠が急増し、演芸ブームが起こる。	日本初の海外パッケージツアー「ジャルパック」全七コースが発売される。
一九六六	昭和四一	日本テレビで『笑点』放映開始。初代司会は七代目立川談志。	新三種の神器としてカー、クーラー、カラーテレビが3Cと呼ばれる。ビートルズ来日。
一九六七	昭和四二		グループ・サウンズが大流行する。

第18回夏期オリンピック東京大会　開会式の様子。トーチを手に聖火台への階段を駆け登る坂井義則は、広島出身で原爆投下の日に生まれた。聖火リレーには高校生だった三遊亭小遊三が参加している。

一九六八	昭和四三	落語研究会(第五次)が始まる(二〇一六年三月末現在、継続中)。	イザナギ景気。大学紛争激化。三億円強奪事件が発生。GNPが西ドイツ(当時)を抜いて世界二位になる。
一九六九	昭和四四	柳家さん治、十代目柳家小三治を襲名し、真打に昇進。	**アポロ11号**が月面に着陸。TBS系列で『八時だョ!全員集合』の放映が始まる(八五年まで)。
一九七〇	昭和四五	人形町末廣が閉場。	日本万国博覧会が開催される。よど号ハイジャック事件が起きる。
一九七一	昭和四六	五代目立川談志、参議院議員に初当選(一期六年務める)。八代目桂文楽、落語研究会での『大仏餅』の口演で絶句し高座を下りる。同年死去(七九歳)。	マクドナルドが銀座三越内に日本初の開店。
一九七二	昭和四七	柳家金語楼死去(七一歳)。	札幌冬季オリンピック大会開催。沖縄返還。田中角栄が『日本列島改造』を発表。元日本兵・横井庄一がグアムから帰還。浅間山荘事件が起きる。雑誌『ぴあ』創刊。
一九七三	昭和四八	五代目古今亭志ん生死去(八三歳)。	オイルショック(第一次)が起こる。
一九七四	昭和四九	演芸情報誌『東京かわら版』創刊。	自称超能力者ユリ・ゲラーの登場で超能力ブームが起きる。
一九七六	昭和五一		ロッキード事件。前年に子供向け番組『ひらけ!ポンキッキ』で放映されたのを機に童謡『およげ!たいやきくん』が前人未踏の大ヒット。
一九七七	昭和五二	落語協会と日本芸術協会が社団法人化、日本芸術協会は落語芸術協会に改称。三代目三遊亭圓丈の「実験落語会」が始まる(二〇〇〇年まで)。	
一九七八	昭和五三	落語協会分裂騒動が起こる。落語三遊協会、設立。	ピンクレディーが大人気になる。サラ金地獄で自殺者多発。
一九七九	昭和五四	国立演芸場が開場する。六代目春風亭柳橋、六代目三遊亭圓生死去(ともに七九歳)。落語三遊協会、解散。	インベーダーゲームが流行する。ソニーのウォークマン登場。オイルショック(第二次)が起こる。
一九八〇	昭和五五	五代目三遊亭圓楽一門を除いた元落語三遊協会会員が落語協会に復帰し、圓楽は大日本落語すみれ会(現・円楽一門会)を設立。落語協会が第一回真打昇進試験を実施。東宝演芸場、閉場。	フジテレビが『THE MANZAI』の第一回を放映。

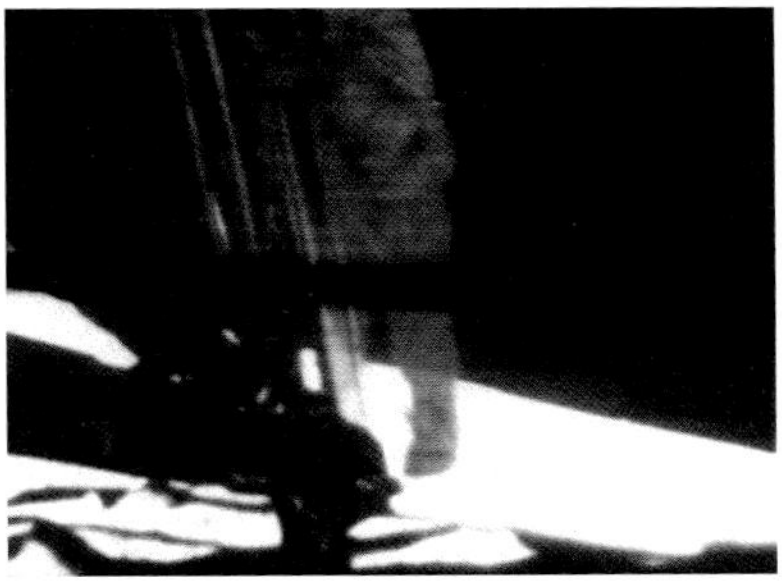

アポロ11号　人類が初めて月に降り立つ瞬間の映像。ニール・アームストロング船長は「これは一人の人間にとっては小さな一歩だが、人類にとっては偉大な飛躍である」という言葉を残した。

西暦	和暦	落語界のできごと	世相
一九八一	昭和五六	八代目林家正蔵、林家彦六と改名。	
一九八二	昭和五七	林家彦六没死去（八六歳）。十代目金原亭馬生死去（五四歳）。五代目月の家圓鏡、八代目橘家圓蔵を襲名。	『機動戦士ガンダム』が大ヒット。
一九八三	昭和五八	立川談志、弟子一五名とともに落語協会を脱退し、落語立川流を設立。	青函トンネル開通。東京ディズニーランドがオープンする。NHK連続テレビ小説『おしん』が歴代最高視聴率を記録。
一九八四	昭和五九		グリコ・森永事件が起きる。
一九八五	昭和六〇	五代目三遊亭圓楽、私財を投じて東京・東陽町に寄席若竹を開場。	日本航空一二三便墜落事故が起きる。任天堂のファミコンが爆発的にヒットする。
一九八六	昭和六一		ポケベルが普及しだす。
一九八七	昭和六二	落語協会、この年を最後に真打昇進試験を廃止。	バブル景気が始まる（一九九一年まで）。NTTが携帯電話を発売（重量は九〇〇gを発売）。
一九八八	昭和六三		昭和天皇の病状悪化により「自粛」が翌年の崩御、大喪の礼まで続く。
一九八九	平成元	寄席若竹が閉場。	TBSの『イカ天』放映でバンドブームが起こる
一九九〇	平成二	上野本牧亭が閉場。	
一九九一	平成三	五代目春風亭柳朝死去（六一歳）。	
一九九二	平成四		国家公務員の週休二日制スタート。
一九九三	平成五	四代目柳亭痴楽死去（七二歳）。	Jリーグ開幕。
一九九四	平成六	柳家小緑、戦後最年少二二歳で真打昇進し、柳家花緑に。お江戸日本橋亭、開場。	
一九九五	平成七	五代目柳家小さん、落語家として初の人間国宝に。	阪神淡路大震災が発生。オウム真理教が**地下鉄サリン事件**を起こす。インターネットの本格的な普及が始まる。マイクロソフト社が「Windows95」を発売。
一九九六	平成八	三代目桂米朝、人間国宝に認定される。上野広小路亭開業。	「たまごっち」ブーム。

地下鉄サリン事件　救急隊員に抱きかかえられて応急手当に向かう被害者。神谷町駅。1995年3月20日、朝のラッシュ時に地下鉄日比谷線や丸の内線、千代田線の計5車両で猛毒のサリンが散布され、死者13人、負傷者約6300人という大惨事となった。その後、オウム真理教による犯行と判明。無差別テロ事件として世界中を震撼させた。写真：毎日新聞社

一九九七	平成九		「ポケットモンスター」ブーム。北海道拓殖銀行、山一證券が破綻する。
一九九八	平成一〇		長野冬季オリンピック開催。
一九九九	平成一一		ITバブル（二〇〇〇年まで）。
二〇〇〇	平成一二		NHKの『プロジェクトX～挑戦者たち～』放映開始（二〇〇五年）まで。
二〇〇一	平成一三	三代目古今亭志ん朝死去（六三歳）。	
二〇〇二	平成一四	落語協会、「円朝忌」を催事化。落語芸術協会の「はなし塚まつり」が毎年開催されるようになる。五代目柳家小さん死去（八七歳）。	パソコンの世帯普及率が七〇％を越える。学校週五日制が導入される。
二〇〇三	平成一五	所属団体の枠を超えて春風亭小朝、笑福亭鶴瓶、九代目林家正蔵、春風亭昇太、立川志の輔、柳家花緑が「**六人の会**」結成、翌三月第一回東西落語研鑽会が開かれる。	
二〇〇四	平成一六	十代目桂文治死去（八〇歳）。「六人の会」主催の第一回大銀座落語祭が開催される。林家彦いち、三遊亭白鳥、神田山陽、春風亭昇太、柳家喬太郎らが新作落語・講談の会「SWA（すわっ）」を結成（二〇一一年活動休止）。	
二〇〇五	平成一七	TBS系で落語を主題にした二時間ドラマ『タイガー＆ドラゴン』（主演は長瀬智也と岡田准一）が放送された（後に連続ドラマ化）。林家こぶ平が九代目林家正蔵を襲名し、襲名記念パレードとお練りが行われる。落語ブーム到来。	
二〇〇七	平成一九	五代目三遊亭圓楽、『芝浜』を最後に引退を表明。林家木久扇、二代目林家木久蔵の親子ダブル襲名披露興行が行われる。ヒロインが落語家を目指す姿を描いたNHK連続テレビ小説『ちりとてちん』放映開始。	ポケベルサービス終了。

六人の会　2003年2月20日、東京都台東区のねぎし三平堂で「六人の会」の結成が発表された。［前列左から］春風亭小朝、笑福亭鶴瓶、林家正蔵。［後列左から］柳家花緑、立川志の輔、春風亭昇太。写真：共同通信社

二〇〇八	平成二〇	第五回大銀座落語祭開催、銀座での開催はこの年で終了。桂小米朝、五代目桂米團治を襲名。	
二〇〇九	平成二一	五代目三遊亭圓楽死去（七六歳）。林家いっ平、二代目林家三平を襲名。	裁判員制度が施行される。
二〇一〇	平成二二	三遊亭楽太郎、六代目三遊亭圓楽を襲名。七代目三遊亭圓生の襲名をめぐって三遊亭鳳楽、三遊亭圓丈、三遊亭圓窓の間で争いが起こる（襲名は白紙に戻る）。	
二〇一一	平成二三		東日本大震災が発生。福島第一原子力発電所事故。
二〇一二	平成二四	桂三枝、六代桂文枝を襲名。二代目桂平治、十一代目桂文治を襲名。	
二〇一三	平成二五	ホール落語「伊藤園 presents 東横落語会」が始まる。	
二〇一四	平成二六	十代目柳家小三治、人間国宝に認定される。	
二〇一五	平成二七	三代目桂米朝死去（八九歳）。二〇〇八年に刊行された立川談春のエッセイ『赤めだか』がＴＢＳ系でテレビドラマ化され、談春を二宮和也、立川談志をビートたけしが演じた。	
二〇一六	平成二八	三代目桂春團治死去（八五歳）。二代目林家三平、七代目林家正蔵（祖父）が作った国策落語『出征祝』を約七〇年ぶりに口演。	**熊本地震**が発生。

熊本地震　2016年4月14日以降、熊本県と大分県で地震が相次いで発生した。気象庁の震度階級で最も大きい震度7を2度観測し、各地に甚大な被害を出した。写真は瓦が落ち、石垣が崩壊するなど被害が広がる熊本城（4月16日撮影）。写真：毎日新聞社

撮影者・執筆者紹介

横井洋司（第１章・第２章）

よこい・ようじ　1937年東京都生まれ。日本写真家協会会員。中央大学中退。印刷会社、萩本写真工房を経てフリーランスに。季刊雑誌『落語』の創刊号（1979年）より写真を担当。寄席の撮影をメインに毎日新聞や日本経済新聞、雑誌などに精力的に発表。『東京かわら版』でも連載中。撮影は『志ん朝の高座』、『はなし家写真館』、『日本浪曲大全集』など多数。

山本 進（第３章）

やまもと・すすむ　1931年兵庫県生まれ。芸能史研究家。諸芸懇話会会員。東京大学在学中は落語研究会に所属。卒業後はNHKに勤務するかたわら六代目三遊亭圓生や八代目林家正蔵の口演・聞書きなど多数の書籍を編集する。主な著書に『落語ハンドブック』、『図説　落語の歴史』、『落語の愉しみ』、『落語の履歴書』、『愉しい落語』などがある。

野乃川あいこ（第４章）

ののがわ・あいこ　長崎県長崎市出身。津田塾大学卒業。1980年代半ばより音楽や映像の分野で翻訳、通訳、歌詞の対訳、字幕制作、執筆活動（新人物往来社、山川出版社など）を行う。90年代より自らも音楽活動を開始。和の世界にも目覚め落語会を主宰。長唄三味線を松永鉄九郎、日本舞踊を藍川裕に師事。

澤入政芝（第５章）

さわいり・まさし　1967年静岡県生まれ、法政大卒。メーカー勤務を経て、99年に執筆活動を開始。政治からスポーツまで幅広い分野で活躍中。『別冊歴史読本 落語への招待』（新人物往来社刊）などに寄稿する。最近は六代目笑福亭松鶴と松鶴に心酔した三代目志ん朝、その邂逅に立ち戻って落語界を眺める。

川手優子（第５章）

かわて・ゆうこ　東京都生まれ。映像系メーカーに勤務後、フリーランスライターとしてスポーツ新聞、週刊誌等にグルメをはじめ、娯楽系の記事を中心に執筆。『女落語家の「二つ目」修業』（双葉社刊）ではインタビュー原稿を執筆した。

落語 らくご

2016年7月15日　第1版第1刷発行
2016年9月20日　第1版第2刷発行

写　真　横井洋司
　文　　山本 進 ほか
発行者　野澤伸平
発行所　株式会社山川出版社
〒101-0047
東京都千代田区内神田1-13-13
電話　03-3293-8131（営業）
　　　03-3293-1802（編集）
http://www.yamakawa.co.jp/
振替　00120-9-43993
企画・編集　山川図書出版株式会社
印刷所　半七写真印刷工業株式会社
製本所　株式会社ブロケード

ISBN 978-4-634-15097-3

・造本には十分注意しておりますが、万一、落丁・乱丁などがございましたら、小社営業部宛にお送りください。送料小社負担にてお取り替えいたします。
・定価はカバーに表示しています。

本書に写真を掲載するにあたり編集部では関係者の方々から連絡先をお伺いしましたが、一部の方と連絡が取れませんでした。ご一報いただければ幸いです。